W0250321

Mara's Sweet Goodies

Süße Rezepte
der Foodbloggerin Mara Hörner
vom Blog
LIFE IS FULL OF GOODIES

lifeisfullofgoodies.com

Dedicated to Oma und Opa Neudorf

... kein Kuchen, kein süßes Teilchen, kein Plätzchen kann je wieder so gut schmecken wie aus eurem Ofen ...

Special Thanks to:

Mom & Dad
meinen Bruder, seine bessere Hälfte
und natürlich meinen Freund Timm

Weil ihr – trotz drohender Gefahr eines Zuckerschocks – während der Entstehung dieses Buchs tapfer all die Unmengen an süßen Kreationen getestet habt und ehrliche Kritiker wart. Und Mom vor allem auch dafür, dass sie mir in dieser Zeit vermehrt unter die Arme gegriffen hat, indem sie regelmäßig leckerste Kuchen und Teilchen samt Rezepten für den Blog beisteuerte, damit auch dieser nicht zu kurz kam.

Family is everything! ❤

Ein großes Dankeschön geht hierbei zudem auch an Oma und Opa Karlsdorf, das Tantchen und den Cousin, die sich grundsätzlich riesig über jegliche Art von Probiererlen gefreut haben!

Und zu guter letzt 1000 Dank auch an Marco Gerber, dem ich das großartige Cover zu verdanken habe, Michael Lohnert, der die übrigen wundervollen Portraits schoss und an meinen Kanzleikollegen, der mir im Hinblick auf das Buch gerne mit Rat und Tat zur Seite stand.

Toppings und Cake Fillings

Süßes Frühstück

Kuchen

Süße Teilchen

Eiszeit

Hallo erstmal!

Wer sich fragt, was einen in diesem Buch erwartet, dem kann ich eine Antwort geben!
Es gibt einige Lieblingsrezepte. Und einige neu kreierte Ideen. Alles in süß. Und alles von mir.

Jaaa, ich weiß. Oh Gott, noch ein Kochbuch. Oder ein Backbuch. Oder whatever. Eben irgendwas mit Rezepten drin. Braucht die Welt sicherlich gaaaanz „dringend“ ... Ist mir schon klar ... Es gibt abertausende von Rezeptbüchern. Gute, schlechte, klassische, moderne ... Aber hey, na und?! Es gibt ja schließlich auch immer mal wieder welche, die total Spaß machen und die man schlichtweg einfach nur haben will. Einfach so. Zum Angucken oder als Inspiration. Oder auch weil man tatsächlich das ein oder andere Rezept daraus ausprobieren möchte – Letzteres hoffe ich natürlich auch inständig!! – Schlichtweg: Um Freude damit zu haben.

Das mit den Kochbüchern ist bei manchen ja so ähnlich wie mit Schuhen. Man hat genug. Meistens jedenfalls. Eigentlich. Zumindest die weiblichen Geschöpfe unter uns, wissen wovon ich rede bzw. schreibe (wobei viele Männer heutzutage ja bei der Anzahl ihrer Schuhe fast mit uns gleichziehen).
Von Schuhe „brauchen“ kann schon lange keine Rede mehr sein. Hortet man doch unzählige Paare im Schrank, von denen man nur einen Bruchteil regelmäßig ausführt. Und dennoch: Man kauft sich bei einer passenden Gelegenheit dann doch wieder welche!! Warum?! Weil sie schön sind und man sie einfach haben MUSS!
Weils Freude macht!

Also. Gut. Ich seh schon: Ihr versteht mich! Dann kann's ja weitergehen.

Warum gibt es dieses Buch? Und warum von mir? Wer bin ich eigentlich?

Ich bin Mara. Eigentlich habe ich mir vor längerer Zeit vorgenommen, einige Jahre lang 29 zu bleiben. Nun gut, irgendwie klappt das mittlerweile nur noch bedingt. Ok, ich geb's zu, es klappt gar nicht mehr. Offensichtlich muss man der Wahrheit hin und wieder kerzengerade ins Auge blicken und tragischerweise akzeptieren. Alla hopp.
Ich bin also keine 29 mehr. Dafür mittlerweile eben 30 and something ... (man kann die Tatsachen ja zumindest schön verpacken ;-)).

Ich wohne in einem beschaulichen Örtchen in der Nähe von Heidelberg, wo ich im alltäglichen Leben als Rechtsanwältin arbeite. Naja, irgendwie muss man ja seine Brötchen verdienen ... Warum ich backe?!
Weil ich's kann ;-). Aber allem voran, weil ich es wahnsinnig gerne tue! Ich kann dabei völlig abschalten, mich stundenlang auf meine Küchenarbeit konzentrieren und dabei die Welt um mich herum vergessen. „Küchenyoga“ wie ich es gerne nenne.

Als Kind schon liebte ich Essen. Gutes Essen. Obwohl ... nö. Ersteres stimmt schon. Ich liebte Essen! Nahezu jedes Essen. Das sah man mir damals auch an ☺ HÖHÖ ☺ Mittlerweile hat sich der Geschmack im Laufe des Lebens etwas verfeinert und man weiß hochwertige Lebensmittel, gute Gerichte und leckere Backwaren weitaus mehr zu schätzen, als man das vielleicht noch früher getan hat. Und aus diesem Grund kocht und backt man auch gerne selbst. Weil man dann selbst verantwortlich dafür ist, ob's nachher schmeckt oder nicht und man das Ergebnis entsprechend steuern kann.

Seit Februar 2013 schreibe ich meinen Foodblog namens „Life Is Full Of Goodies" (lifeisfullofgoodies.com). Weshalb? Weils mich total erfüllt und glücklich macht. Kein Quatsch. Voller Ernst! Ich liebe diese Bloggerei.
Ich kann sämtliche Leidenschaften damit ausleben. Kochen. Backen. Fotografieren. Schreiben. Und natürlich: ESSEN!!!!! Deshalb der Blog.

Essen ist für mich nicht nur Nahrungsaufnahme, sondern definitiv ein Stück weit Kultur. Man sitzt zusammen mit Menschen an einem Tisch (bestenfalls mit welchen die man mag), isst gemeinsam, tauscht sich aus. Und genießt.

Nicht nur auf Reisen spielt das Essen eine große Rolle, anhand dessen man andere Kulturen kennenlernt, sondern auch daheim hat bei uns in der Familie ein gemeinsames Mittag- oder Abendessen schon immer großen Stellenwert gehabt. Es stand immer hoch im Kurs. Essen ist Kultur, Beisammensein, Austausch.
Meine ganze Familie kocht und backt unglaublich gerne und probiert sich auch immer wieder an neuen Kreationen aus. Und wenn nach all der Küchenarbeit dann noch was überaus Leckeres bei rum kommt, sind wir alle zufrieden. Wir sitzen da und genießen. Gemeinsam. Glücklich. Und darum geht's doch irgendwie. Ums Glücklich- und Zufriedensein.

Schon in meiner Kindheit saßen wir regelmäßig allesamt am Tisch und haben das Essen irgendwie zelebriert.
Daheim wurde immer frisch gekocht, bei meiner Mom etwas moderner, bei meiner Oma ganz klassisch.
Zudem wurde auch überall andauernd fleißig gebacken. Auch von mir. Logo. Als Kleinkind fängt das mit dem Plätzchenausstechen an Weihnachten an, später probiert man sich dann auch mal an verschiedenen Kuchen und Torten. So nahm das eben seinen Lauf. Diese Küchenwerkelei war für mich so toll, dass ich mir bereits als Teenager zu Weihnachten und an Geburtstagen am liebsten Küchenutensilien, tolles Geschirr oder gute Töpfe gewünscht habe. Damit ich „später" (wenn ich erwachsen bin und ausziehe) auch mal richtig gut ausgestattet bin. Kein Scherz! Tatsache!!! Auch wenn die Frage von Gleichaltrigen nach meiner Geschenkeausbeute regelmäßig zu verständnislosem Gelächter geführt hat. Ich fand's immer megagut. Bis heute.

Tja, das später ist dann irgendwann auch eingetroffen. Meine Küchenausstattung ist gewaltig, kommt allerdings auch andauernd zum Einsatz.

Ein weiterer wichtiger Punkt, der mich zum Bloggen gebracht hat, ist übrigens die Tatsache, dass ich total auf tolle Foodfotos stehe. Wie fantastisch ist es bitte, wenn einem beim Anblick eines tollen Fotos mit leckerem Essen bereits das Wasser im Mund zusammenläuft und man am liebsten ins Bild beißen würde!? Gute Fotos inspirieren. Zum Nachkochen und Ausprobieren. Sie regen die Kreativität an. Und machen Lust. Lust auf Essen. Sie wecken Emotionen.

Eine traurige Tatsache bei all der Backerei und Kocherei war früher irgendwie immer, dass man manchmal stundenlang in der Küche stand, ein richtig tolles Gericht gekocht oder einen perfekt gelungenen Kuchen aus dem Ofen geholt hat und ehe man sich versah, war alles gleich wieder weg. Auf Nimmerwiedersehen. Vollständig verputzt. Gegessen und leer gefegt. Ohne, dass man auch nur ein einziges Foto von seiner tollen Kreation gemacht hatte. Oftmals wusste man gleich im Anschluss nicht mehr, was man denn da gerade so zusammengemischt hatte. Es blieb nur die Erinnerung daran, dass es ganz lecker war. Die Lösung: Rezepte aufschreiben und Fotos machen. Um sie als Online Rezeptsammlung für die Ewigkeit festzuhalten. Oder zumindest eine gewisse Zeit lang ☺. Ein Grundgedanke meiner Bloggerei.

Im Zuge meines Foodblogs und meiner damit verbundenen Affinität zum Kochen und Backen, habe ich Anfang 2014 auch bei der TV-Produktion „Das Perfekte Dinner“ mitgewirkt und als Kandidatin daran teilgenommen.
Eine gute Entscheidung!! Ich traf nämlich unglaublich tolle, unterhaltsame und liebenswerte Menschen, die mir eine der schönsten und lustigsten Wochen meines Lebens bescherten. Ehrlich! Wir fünf kochten nicht nur wie die Weltmeister, wir hatten auch Spaß wie welche! Ich war ja heilfroh, dass ich mein Dinner damals nicht versemmelt hab.
Was bei dem ganzen Trubel in dieser Woche durchaus drin war … ansonsten wäre das wohl das persönliche „Aus“ meiner Foodbloggerkarriere gewesen ;-)

Nun gut, soweit ist es zum Glück nicht gekommen. Im Gegenteil. Es lief alles wunderbar. So gut, dass sich seither unglaublich tolle Projekte ergeben haben, die ich umsetzen durfte. Unter anderem dieses Buch. Ich backe, koche und blogge zudem nach wie vor ganz fleißig, um all meine wunderbaren Leser glücklich zu stimmen und selbst weiterhin riesigen Spaß dabei zu haben.

Um euch noch viel mehr an meinen Rezepten, meinen Fotos und vielleicht auch ein klein wenig an meinem Leben teilhaben zu lassen, habe ich nun dieses Buch kreiert. Ich hoffe, ihr werdet genauso viel Spaß daran haben wie ich!

✯ Mara

Wanna choose your flavour?

Toppings und Cake Fillings zur Auswahl …

Ach Leute, es geht doch nichts über eine gute Ladung süßes Topping über Pancakes oder sahnige Vanillesauce zu Waffeln … Oder über Kuchen mit köstlichem Karamellüberzug oder leckerer Füllung … Deshalb habe ich verschiedene Toppings und Cake Fillings für euch kreiert, die ihr über Kuchen, süße Teilchen oder Aufläufe gießen könnt oder die schlichtweg in die süßen Kreationen mit eingearbeitet werden. Aus manchen der Toppings und Fillings könnt ihr Eis herstellen, manches davon auch im Kuchenguss verarbeiten.
Es gibt unglaublich viele Möglichkeiten das ein oder andere süße Teil damit zu verfeinern und noch leckerer zu machen.

Ich war schon immer Fan von reichhaltig gefüllten Backwaren oder süßen Saucen, die man über Kuchen, Pancakes und Co. schütten konnte. Schon als Kind dachte ich „Je mehr desto besser“. Es gab lediglich einen einzigen Moment, in welchem ich auf das „MEHR“ womöglich hätte verzichten sollen. Ich erinnere mich an meinen Sprachurlaub in Los Angeles. Ich war 14 Jahre alt und hatte die Zeit meines Lebens. Meine Gastschwester und ihr Bruder gingen mit mir ins Kino. Am allerersten Abend. Mein Verständnis der englischen Sprache war noch nicht ganz so astrein und als mich die Tante hinterm Tresen, an welchem ich gerade mein Popcorn bestellt hatte, irgendetwas mit Topping fragte, sagte ich nur sinngemäß „Jaja, mit richtig viel davon bitte!“ Mmmmmmhhh. Tja, manchmal ist weniger vielleicht doch mehr. Bei diesem Topping handelte es sich nämlich um pure, flüssige Butter, die sich nun in rauen Mengen über meinem – zu allem Übel auch noch salzigen – Popcorn ergoss. Würg. Da rechnet man mit zuckersüßem, leicht karamellisiertem Popcorn. Und was kriegt man?!!! Flüssige Butter mit einem Hauch salzigem Popcorn. Yumm. Dat war nix. Seither bin ich etwas vorsichtiger geworden und frage sinnvollerweise nach, welche Geschmacksrichtung mich bei einem Topping oder Filling erwartet, bevor ich regelmäßig erneut sage: „Jaja, mit richtig viel davon!!!“ Aber gut, das damals war eine Ausnahme.

Food Trends entstehen ja oftmals in Übersee, gerne in Amerika. Es dauert meistens eine Weile, bis sie zu uns herüber schwappen, früher noch viele Jahre, heutzutage geht das in der Regel wesentlich schneller.

Einer der Trends ist sicherlich derjenige, Kuchen und Gebäck mit reichhaltigen Saucen oder Sirup zu begießen oder mit cremigem Karamell zu beträufeln und zu füllen. Frostings, Toppings, Fillings oder wie sie auch alle heißen.
Und ich muss gestehen: Ich LIEBE diesen Trend! Ich könnte nahezu alles mit leicht gesalzenem Karamell oder mit heißer Schokoladensauce begießen. Sogar meine Käsestulle.

Eine meiner Langzeitlieben ist Karamell. Ob hell oder dunkel, fließend oder ganz zäh, dieses beige Gold ist einfach ein Traum. Deshalb war es irgendwann auch an der Zeit, verschiedene Karamellsorten auszuprobieren.
Gesagt, getan. Und tatatataaaa: Es entstand dabei sogar ein neuer Liebling, der meinem heißgeliebten „normalen" Salzkaramell doch tatsächlich den Rang ablaufen konnte: Apfelkaramell. Sooo fantastisch. Das könnt ihr euch nicht vorstellen, bevor ihr es nicht gemacht und selbst gekostet habt! Und dann in Kombi zu grandios frischem Gebäck oder Kuchen … Ich schmelz dahin! Gut, ist natürlich alles Geschmackssache. Deshalb gibt's hier ja eine gewisse Auswahl für euch, darunter auch eine ganz klassische Karamellsauce.

Der Allzeitklassiker, die Vanillesauce, darf natürlich ebenso wenig fehlen wie das schokoladige, heiße Pendant dazu. Ob zu Waffeln, Pancakes oder süßen Aufläufen, beide Saucen kann man einfach herrlich dazu kombinieren.

Beim ein oder anderen Rezept verwende ich selbst gemachten Curd. Ein Aufstrich, der mit frischen Eiern, Butter und Früchten zubereitet wird. Wer schon mal in England war, der kam um den klassischen Lemon Curd nicht drum rum. Der zitrusfruchtige Aufstrich wird gerne zur Tea Time mit englischen Brötchen, sogenannten Scones, serviert. Ich habe verschiedene Curd Variationen für euch plus passende Rezepte zur Weiterverarbeitung parat. Natürlich könnt ihr ihn aber ebenfalls einfach als Aufstrich zu leckeren Brötchen verwenden.

Zum Schluss gibt's in der folgenden Kategorie noch die ein oder andere meiner Lieblingsmarmeladen, die allesamt mit einem kleinen i-Tüpfelchen versehen sind. Auch dazu beliefere ich euch natürlich mit Ideen, was man daraus denn so machen könnte.

Insofern, seid experimentierfreudig und füllt oder übergießt eure Backwaren, euer süßes Frühstück oder euer Eis!!

Vanillesauce

Los geht's mit einem Klassiker und Allroundtalent schlechthin: der Vanillesauce.
Diese Allzweckwaffe verfeinert nicht nur Waffeln (wie zum Beispiel die Maiswaffeln auf Seite 63), sondern sie kann auch wunderbar zu süßem Brotpudding (Rezept Seite 69), zu Pancake Aufläufen (Rezept Seite 67) oder zu einem leckeren Peach Cobbler (Rezept Seite 60) serviert werden.
Und soll ich euch was sagen?!
Sahnige Vanillesauce selbst machen geht unglaublich einfach! Garantiert!

Die Zutaten:

2 Vanilleschoten
1 Päckchen Vanillezucker
4 Esslöffel Zucker
500 ml Sahne
4 Eigelbe

Die Vanilleschoten aufschneiden und das Mark herauskratzen.

Die Schoten und das Mark in einen Topf geben. Vanillezucker, Zucker und Sahne hinzugeben und alles unter Rühren aufkochen lassen. Danach den Topf vom Herd nehmen und die Sahne ca. 10 Minuten ziehen lassen.

Anschließend die Vanilleschoten entfernen.

Die Eigelbe verquirlen und unter die nun leicht abgekühlte Sahne rühren.

Den Topf bei mittlerer Hitze zurück auf den Herd stellen und die Vanillesahne erneut unter kräftigem Rühren mit einem Schneebesen erhitzen. So lange, bis die Masse anfängt leicht einzudicken. Dies passiert kurz vor dem Siedepunkt.
Die Vanillesauce darf dabei aber nicht kochen, da ansonsten das Eigelb gerinnt.
Deshalb die Hitze auf mittlerer Temperatur halten und fleißig rühren.
Bis zum Eindicken kann es einige Minuten dauern, hier also ein wenig Geduld mitbringen.

Sobald die Sauce etwas dickflüssiger geworden ist, kann sie serviert werden.

Wer die Vanillesauce kalt essen möchte, der schlägt sie kurz vor dem Servieren nochmals gut mit einem Schneebesen auf.

Hot Chocolate Sauce

Heiße Schokolade ist gute Laune für die Seele. Vor allem als reichhaltige Sauce steigt die Stimmung durch den Verzehr enorm. Glaubt mir, ich sprech da aus Erfahrung. Etwas Schoki und schon sieht die Welt, zumindest vorübergehend, schon ein klein wenig freundlicher aus. Diese Hot Chocolate Sauce ist ein wunderbarer Begleiter zu Waffeln (den Beweis findet ihr auf Seite 63), zu Pancakes oder auch zu Kuchenteilchen (wie zum Beispiel zu meinen Zimtwürfeln von Seite 121).

Die Zutaten:

200 g Zartbitter Kuvertüre
100 ml Wasser
200 ml Sahne
50 g Zucker
1 Päckchen Vanillezucker
40 g Kakaopulver
2 Esslöffel Kaffeelikör

Die Zartbitterkuvertüre klein hacken und in einen Topf geben.

Zusammen mit dem Wasser, der Sahne, dem Zucker und dem Vanillezucker aufkochen und dabei gelegentlich umrühren, damit nichts anbrennt oder klumpig wird.

Das Kakaopulver unter Rühren einrieseln lassen und den Kaffeelikör dazugeben. Alles gleichmäßig verrühren.

Die Sauce nun vom Herd nehmen und durch ein Sieb in ein sauberes Schraubglas oder eine Flasche füllen.

Die Hot Chocolate Sauce sollte, wie der Name schon sagt, warm serviert werden.

Kühlt die Sauce ab, wird sie fest, so dass sie vor dem Servieren in einem Wasserbad oder in einer Mikrowelle bei niedriger Wattzahl erwärmt werden sollte, damit sie sich wieder verflüssigt.

Apfelkaramell

Stopppp! Nicht weiterblättern!! Auf dieser Seite verrate ich nämlich eines meiner Lieblingsrezepte! Apfelkaramell! Noch nie gehört?! Macht nichts. Ausprobieren und verstehen ... Das Apfelkaramell ist aus Apfelsaft gemacht und hat geschmacklich nur ein klein wenig mit dem klassischen Karamell gemeinsam. Apfelkaramell schmeckt nämlich total fruchtig und bereichert nicht nur Eis und Joghurt, sondern auch Kuchen und Teilchen. So wurde zum Beispiel meine Giant Carrot Cake Roll von Seite 102 in Kombination mit diesem Apfelkaramell zu meinem absoluten Mega-Highlight!!

Die Zutaten:

500 ml naturtrüber Apfelsaft
200 g brauner Zucker
60 g Butter
1 Päckchen Vanillezucker
¼ Teelöffel Zimt
180 ml Sahne

Den Apfelsaft aufkochen und ca. 20 Minuten vor sich hin köcheln lassen, bis er auf ca. 1/3 seiner Menge eingedickt ist.

Die Hitze nun reduzieren, den braunen Zucker, die Butter, den Vanillezucker und den Zimt dazugeben. Alles gut verrühren.

Nun die Sahne einrühren und das Apfelkaramell nochmals aufkochen lassen.

Das Apfelkaramell unter Rühren weitere 10 - 15 Minuten köcheln lassen, der Zucker muss sich währenddessen vollständig auflösen.

Der Karamell bekommt eine schöne hellbraune Farbe und kann dann in ein sauberes Glas oder eine Flasche gefüllt werden.

Bitte auch beachten, dass der Karamell noch fester und zähflüssiger wird, wenn es abgekühlt ist.

Kühl gelagert bleibt das Apfelkaramell einige Tage gut haltbar.

Creamy Lemon Syrup

Ich bin verliebt in diesen Sirup! Gleich nach dem Apfelkaramell ist dies momentan mein liebstes Topping. Ob über Pancakes oder Waffeln, über Eis oder Kuchen, dieser Sirup schmeckt so wunderbar cremig und hat durch seine Zitrusnote auch tatsächlich einen sehr erfrischenden Geschmack, so dass man sich schlichtweg reinlegen könnte.
Perfekt passt er zum Beispiel auch zu meinen Zucchini Lemon Pancakes von Seite 75.

Die Zutaten:

150 g Butter
80 ml Sahne
1 Prise Salz
300 g Zucker
80 ml Zitronensaft

Alle Zutaten in einen Topf geben und unter Rühren aufkochen lassen.

Sobald die Masse richtig kocht, den Herd auf mittlere Stufe runterschalten und den Sirup ca. 5 Minuten weiterköcheln lassen. Hierbei das Rühren nicht vergessen!

Den Sirup dann heiß in ein sauberes Fläschchen oder in ein Marmeladenglas füllen.

Der Sirup ist nach dem Kochen sehr flüssig, dickt aber ein, sobald er abgekühlt ist. Dann bekommt er die perfekte cremige Konsistenz, um ihn über sämtliche Leckereien zu gießen.

Durch die Zitrone erhält der Sirup zudem eine unglaublich leckere, frische Note und schmeckt tatsächlich recht leicht.

Den Creamy Lemon Syrup solltet ihr kühl aufbewahren. Im Kühlschrank wird er recht fest, so dass es sinnvoll ist, den Sirup einige Zeit vor dem Verzehr herauszunehmen, damit dieser Zimmertemperatur annehmen kann.

Karamellsauce

Karamell ist eine Allround-Zweck-Waffe. Natürlich nur, sofern einem karamellisierter Zucker schmeckt. Wenn man, wie ich, diesem cremigen, beigen, süßen Etwas verfallen ist, kann man unglaublich viele Leckereien damit noch leckerer gestalten. Sei es über Eis, über Obstsalat oder über Kuchen und Teilchen. Es schmeckt. Hier kommt mein Rezept für eine klassische Karamellsauce, die ihr unter anderem für den Mascarpone Toffee Cheesecake von Seite 105 verwenden könnt!

Die Zutaten:

200 g Zucker
100 ml Wasser
2 Päckchen Vanillezucker
300 ml Sahne
100 g Butter

Wer möchte:
1 Prise Salz

Den Zucker mit dem Wasser und dem Vanillezucker in einem Topf aufkochen. Dabei ständig rühren, solange bis der Zucker beginnt, sich bräunlich zu färben. Das kann etwas dauern, also nicht die Geduld verlieren!

Sobald der Zucker karamellisiert und eine leicht bräunliche Farbe erhält, den Topf vom Herd ziehen und die Hitze der Herdplatte reduzieren. Vorsichtig sein, der Zucker wird sehr heiß!

Nun die Sahne in den flüssigen Zucker gießen. Keine Sorge, das klumpt jetzt sehr stark, das ist normal und verflüssigt sich beim weiteren Köcheln gleich wieder. Den Topf zurück auf den Herd stellen und so lange rühren, bis sich die Zuckermasse wieder aufgelöst hat.

Die Butter unterrühren. Den Karamell anschließend noch ca. 4 - 5 Minuten weiter köcheln lassen, dabei das ständige Rühren nicht vergessen! Die Karamellsauce dickt hierbei noch etwas ein. Bedenkt bei der Konsistenz aber bitte, dass die Sauce nach dem Abkühlen noch fester wird. Also nicht allzu lange auf dem Herd lassen. Wer möchte, rührt zudem noch eine Prise Salz unter.

Anschließend könnt ihr die Karamellsauce in ein sauberes Glas oder in eine Flasche füllen und darin abkühlen lassen.

Im Kühlschrank gelagert hält sich die Sauce gut einige Tage, wird darin jedoch recht fest. Die Sauce vor dem Verzehr deshalb Zimmertemperatur annehmen lassen oder für alle, die Karamell gerne warm essen, kann sie auch in der Mikro mit niedriger Wattzahl oder in einem Wasserbad langsam erwärmt werden.

Strawberry Curd

Im Sommer gehören Erdbeeren einfach dazu! Aber warum immer nur Erdbeerkuchen daraus machen, wenn es noch so viele andere tolle Möglichkeiten gibt, diese roten Früchtchen lecker zu verarbeiten?! Eine wunderbare Erdbeer-Idee ist zum Beispiel dieser Strawberry Curd. Wie auch der Blueberry oder der Lemon Curd kann man ihn wunderbar als süßen Aufstrich essen, er kann aber auch zu leckerem Gebäck verarbeitet werden. Und wer nach wie vor trotzdem Erdbeerkuchen will, der kann ja auch einfach beides gleichzeitig haben! Wie bei meinem Erdbeer-Buttermilchkuchen von Seite 99 der mit Strawberry Curd Guss gemacht wurde.

Die Zutaten:

200 g Erdbeeren
4 Eier
125 g Zucker
1 Päckchen Vanillezucker
90 g Butter

Die gewaschenen Erdbeeren pürieren.

Die Eier aufschlagen und mit dem Erdbeerpüree verquirlen.

Den Zucker und den Vanillezucker unterrühren.

Die Masse in einen Topf füllen und die Butter dazugeben. Auf einem Wasserbad unter kontinuierlichem Rühren erhitzen und so lange weiter schlagen, bis die Erdbeermasse anfängt einzudicken. Das kann locker 10 - 15 Minuten dauern, also etwas Geduld mitbringen.

Aufgrund der Eier darf die Masse keinesfalls anfangen zu kochen. Sie soll nur erhitzt werden. Merkt ihr, dass die Erdbeermasse zu heiß wird, sollte die Temperatur sofort etwas heruntergeregelt werden.

Sobald der Strawberry Curd etwas eingedickt ist, könnt ihr ihn in saubere Gläser füllen und verschließen. Den Curd abkühlen lassen und dann im Kühlschrank aufbewahren. Kann sich kühl gelagert einige Tage halten.

Aufgrund der frischen Eier im Curd wird jedoch angeraten ihn schnellstmöglich zu verbrauchen.

Lemon Curd

Lemon Curd ist vor allem in Großbritannien und Nordamerika sehr bekannt. Er hat eine puddingartige Konsistenz und wird häufig als süßer Aufstrich gegessen oder gerne auch zu Lemon Pie verarbeitet. Mann kann Lemon Curd aber auch als Dessert essen, zum Dippen verwenden (wie zum Beispiel zu meinen Lemon Crinkle Cookies auf Seite 159) oder Eis daraus machen (siehe Seite 174). Er schmeckt unvergleichlich frisch und sollte unbedingt mal ausprobiert werden!

Die Zutaten:

130 ml Zitronensaft
(ca. 4 - 5 Zitronen)
1 ½ Esslöffel Zitronenschale
150 g Butter
250 g Zucker
5 Eier

Die Zitronen waschen und die Schale abreiben. Den Saft auspressen und abmessen.

Die Butter in einem Topf zerlassen. Den Zitronensaft, die Zitronenschale und den Zucker hinzugeben. Alles gut verrühren und erwärmen.

Die Eier aufschlagen, gründlich verquirlen und durch ein feines Sieb in den Topf geben. Alles bei mittlerer Hitze mit einem Schneebesen so lange rühren, bis die Flüssigkeit andickt und dabei cremig wird. Das kann ein wenig dauern, also bitte etwas Geduld mitbringen. Die Masse dabei keinesfalls kochen lassen!

Sobald der Curd eingedickt ist, kann er in saubere Gläser gefüllt werden.

Aufgrund der frischen Eier sollte der Lemon Curd innerhalb von wenigen Tagen aufgebraucht und zwischenzeitlich gut gekühlt gelagert werden.

Blueberry Curd

Blaubeeren gehören zu meinen Lieblingsfrüchten. Ich aß sie zum ersten Mal als junger Teenager in Amerika, in klassischen Blueberry Muffins. Seither liebe ich sie in jeder Form. Nicht nur im Gebäck, sondern auch pur oder eben als Blueberry Curd. Schmeckt als Aufstrich, im Joghurt, als Kuchenfüllung oder Topping auf Kuchen und Gebäck einfach himmlisch! Ich habe den Curd zum Beispiel für den Blaubeerkranz auf Seite 84 verwendet.

Die Zutaten:

300 g Blaubeeren
Saft von zwei Limetten
150 g Zucker
4 frische Eier
200 g Butter

Die Blaubeeren waschen und mit dem Limettensaft pürieren. Zusammen mit dem Zucker in einen Topf geben und unter Rühren aufkochen. Der Zucker sollte sich dabei auflösen. Den Topf vom Herd nehmen.

Die Eier mit einem Rührbesen aufschlagen, drei Esslöffel von den aufgekochten Blaubeeren unterrühren. Danach die Eier zu der übrigen Blaubeermasse in den Topf geben und auf niedriger Stufe unter ständigem Rühren erhitzen. So lange weiterrühren, bis die Masse leicht dicklich wird, dabei sollte sie wegen der Eier jedoch keinesfalls anfangen zu kochen. Wird die Masse zu heiß, sollte die Temperatur sofort etwas heruntergeregelt werden.

Nach mehreren Minuten fängt die Masse an einzudicken, hier müsst ihr einfach etwas Geduld mitbringen. Das kann schon mal gute zehn Minuten oder länger dauern.
Ist die Masse eingedickt, wird die Butter untergerührt, bis diese geschmolzen ist. Dabei alles gut durchmischen. Nun kann der Curd in saubere Schraubgläser gefüllt werden.

Die Gläser verschließen, den Curd abkühlen lassen und im Kühlschrank aufbewahren. Kann sich kühl gelagert einige Tage halten.

Da für den Curd frische Eier verwendet werden wird jedoch angeraten ihn schnellstmöglich zu verbrauchen.

Erdbeer Marmelade mit Cointreau

Marmelade ist so eine Sache. Prinzipiell liebe ich sie. Aaaaaaber: Ist sie zu fest, mag ich sie nicht. Ist sie zu süß, mag ich sie oftmals auch nicht. Marmelade muss sanft schmecken, es darf nicht einfach nur ein farbiger, süßer Geleeklumpen sein.
Deshalb mache ich sie am liebsten selbst. Geht nämlich ganz einfach. Und schnell.
Hier eine meiner Lieblingsversionen mit Cointreau.
Könnt ihr zum Beispiel hervorragend für die Marzipankringel auf Seite 133 verwenden.

Die Zutaten:

500 g Erdbeeren
250 g Gelierzucker 2:1
1 Päckchen Vanillezucker
1 Esslöffel Cointreau

Die Erdbeeren waschen und vom Strunk befreien.

Die Früchte in einen großen Topf geben und pürieren.

Den Gelierzucker dazugeben, ebenso den Vanillezucker.

Zum Schluss noch den Cointreau hinzugeben und gut verrühren.

Alles aufkochen und ca. 3 - 4 Minuten sprudelnd weiterkochen lassen.

Nun eine Gelierprobe machen. Dafür etwas von der Marmelade auf einen kleinen Teller geben und schauen, ob sie fest wird. Das sollte sehr schnell gehen. Geliert sie noch nicht, lasst ihr die Erdbeermarmelade einfach noch einige Minuten weiterköcheln.

Die Marmelade nun sofort in saubere Gläser abfüllen. Aber aufpassen, heiß!!
Die Gläser gut verschrauben und kopfüber auskühlen lassen.

Die Erdbeermarmelade kühl und dunkel lagern.

JAM
Home Made

Zwetschgenmus mit Rum

Zwetschgenmus ist mein absoluter Favorit unter den süßen Aufstrichen! Auf Croissants oder zu Käse gibt's nichts Besseres! Ja, zu Käse. Manche essen Feigensenf dazu, ich eben mein Zwetschgenmus. Am liebsten ist es mir allerdings in Form von Linzer Torte, aber nur, wenn sie meine Mom gebacken hat. Aber das ist ein anderes Thema. Dieses Zwetschgenmus wurde mit ein wenig Zimt und einem Schuss Rum verfeinert. Ihr könnt damit zum Beispiel meine Mohn-Zwetschgenmus-Schnecken von Seite 154 backen!

Die Zutaten:

450 g Zwetschgen
250 g Gelierzucker 2:1
1 Päckchen Vanillezucker
½ Teelöffel Zimtpulver
1 Esslöffel Strohrum (bitte keinen anderen Rum verwenden, da nur der Strohrum diesen typischen Geschmack entfaltet)

Die Zwetschgen waschen, entsteinen und in einen großen Topf geben. Den Gelierzucker und den Vanillezucker hinzugeben und aufkochen. Dabei immer mal wieder umrühren.

Den Zimt und den Strohrum hinzugeben, gut mischen und einige Minuten weiterköcheln lassen.

Mit einem Pürierstab alles gut pürieren, damit es keine Stückchen mehr in der Masse gibt.

Das Mus nun weitere 3 - 4 Minuten köcheln lassen und anschließend noch heiß in saubere Gläser abfüllen. Dabei gut aufpassen! Das Zwetschgenmus wird verdammt heiß! Gläser verschließen, umgedreht auskühlen lassen und kühl und dunkel lagern.

MARMALAD

Aprikosenmarmelade mit Vanille

Für eine gute Marmelade ist Voraussetzung Nr. 1, dass man gute Früchte verwendet. Ohne gutes Grundprodukt kein gutes Ergebnis. Ist ziemlich logisch, oder?! Heißt also, wenn ihr eine richtig leckere Aprikosenmarmelade machen möchtet, dann müsst ihr reife und leckere Aprikosen verwenden. Benutzt ihr nämlich steinharte Früchte, die eigentlich noch mindestens 2 Wochen am Baum hätten reif werden sollen, dann geht es euch wie mir einmal, dann kann man die ganze Marmelade in die Tonne kippen. Da hilft auch der Zucker darin nichts mehr. Schmeckt einfach nicht. Also merken: Gute Früchte für gute Marmelade!
Mit guter Aprikosenmarmelade könnt ihr dann auch umwerfend leckere Aprikosen Frangipani Taschen backen (Rezept gibt's auf Seite 39)

Die Zutaten:

500 g Aprikosen
1 Vanilleschote
250 g Gelierzucker 2:1
1 Päckchen Vanillezucker

Die Aprikosen waschen, entkernen und in kleine Stücke schneiden.

Die Vanilleschote aufschlitzen und das Mark herauskratzen.

In einem großen Topf die Aprikosenstücke mit dem Mark der Vanilleschote und der Schote selbst, dem Gelierzucker und dem Vanillezucker mischen. Alles aufkochen lassen.

Die Aprikosenmischung 5 - 6 Minuten köcheln lassen, gelegentlich umrühren.

Die Vanilleschote entfernen und die Aprikosen gut durchpürieren.

Die Aprikosenmasse nochmals aufkochen, 3 - 4 Minuten köcheln lassen und eine Gelierprobe machen. Dafür etwas von der Marmelade auf einen kleinen Teller geben und schauen, ob sie fest wird. Das sollte sehr schnell gehen. Geliert die Marmelade noch nicht, dann lasst ihr sie noch einige Minuten weiterköcheln.

Anschließend sofort in saubere Gläser füllen. Vorsicht, die Marmelade wird sehr heiß!

Die Gläser gut verschrauben und kopfüber auskühlen lassen.

Kühl und dunkel lagern.

Himbeermarmelade mit weißer Schoki

Marmelade ist eine ganz großartige Erfindung! Es geht nichts über einen sanften und fruchtigen Aufstrich. Sie darf keine Klumpen haben und sollte sich ganz leicht auf einem Brötchen verteilen lassen. Genau so ist diese Himbeermarmelade, die für ihren Feinschliff noch eine Portion weiße Schoki verpasst bekommen hat. Yummy!
Passt übrigens ideal zu den Raspberry Brie Turnovers auf Seite 57.

Die Zutaten:

350 g Himbeeren
50 g weiße Schokolade
175 g Gelierzucker 2:1

Die Himbeeren waschen und gut trocknen lassen.

Die weiße Schokolade sehr klein hacken.

Die Früchte nun zusammen mit dem Zucker in einem großen Topf aufkochen lassen. Mindestens 3 Minuten sprudelnd kochen.

Die Marmelade mit einem Pürierstab gut durchpürieren. Hier ist Vorsicht geboten, weil die Masse sehr heiß wird! Wer die Körnchen der Himbeere nicht in der Marmelade mag, der kann die Himbeermarmelade nun noch durch ein Sieb passieren.
Dann wieder zurück in den Topf geben und erneut aufkochen.

Die gehackte Schokolade zur Marmelade geben und unterrühren, bis sie sich komplett aufgelöst hat. Eine Minute lang weiterköcheln lassen.

Die Marmelade noch heiß in saubere Gläser füllen und auskühlen lassen.

Die Himbeermarmelade hält sich gut gekühlt durchaus einige Tage im Kühlschrank. Durch die Schokolade allerdings nicht so lange wie „gewöhnliche“ Marmelade ohne Schoki.

What's for breakfast, honey?!

Mit süßem Frühstück in den Tag starten ...

Wann begann eigentlich die Zeit, in der ich anfing, süßes Frühstück zu essen?! Und vor allem, wann begann ich damit, süßes Frühstück zu LIEBEN?! Gut, ein Süßmäulchen war ich ja schon immer. Dennoch: Bei uns zuhause wurde eher deftig in den Tag gestartet, mit Rühr- oder Spiegelei, Brot und Wurst. Im Urlaub in Italien, wo wir als Kinder mit meinen Eltern regelmäßig waren, gab es sogar ganz häufig frisches Brot mit Butter und frisch gehackten Knoblauchzehen drauf. Ach Gott, wie gut!!!! Mein kleiner Bruder und ich, wir liebten das!! Ehrlich!!

Aber wie kam ich dann zum süßen Frühstück?!

Ok, je länger ich darüber nachdenke, desto mehr erinnere ich mich an meine Grundschulzeit.
Ich weiß ja gar nicht, ob ich das hier jetzt so öffentlich sagen darf ... Meine Mom sollte den nächsten Absatz vielleicht einfach mal überspringen ... ;-) !

Als Kind bekam ich natürlich immer fein säuberlich meine Schulbrote mit auf den Weg. Etwas Obst gab's oftmals auch. Und was zu trinken natürlich ebenso. Mama hat immer an alles gedacht! Es gab grundsätzlich genügend zu essen. Super! Aaaaber: Es gibt ja immer noch eine Steigerung von Essen. In meiner Grundschule gab es damals in den Pausen nämlich verführerische Dinge zu kaufen! Zumindest für mich. Und da Klein-Moppel-Mara immer auch etwas Taschengeld mithatte, verprasste sie es lieber für kalorienreiche und sehr süße Vollmilch-Kakao-Fläschchen. Das war das beste Frühstücksgetränk überhaupt!! Miniflaschen mit frischer und süßer Kakaovollmilch. Ich konnte damals schon Unmengen von diesem Zeug „wegexen"! Mengen, die ich später nur noch beim Feiern mit Tequila geschafft habe (ich SCHERZE natürlich!!! Diese Zeiten sind mittlerweile nämlich ebenso vorbei ... ;-)). Hach ja, und zu meiner Schande muss ich ja gestehen, dass vor lauter Kakaomilch-Völlerei das ein oder andere Wurst-Schulbrot nicht mehr den Weg in meinen Magen fand ... Die schokohaltigen Kalorien waren einfach zu verlockend gewesen.

Also gut, Fazit war die Erkenntnis, dass Süßes zum Frühstück echt lecker ist.

1994 war ich mit meiner Familiy in Los Angeles und aß Pancakes zum Frühstück. Ich glaube auch zum ersten Mal in meinem Leben. Also nicht, dass ich Pfannkuchen nicht schon kannte. Aber als kleine Frühstücks-Pancake-Variante mit Ahornsirup war es mir neu. Als totaler Mehlspeis-Fan (nix ging damals schon über Omas Dampfnudeln oder Mom's Waffeln mit Vanillesauce und Kirschen), war ich von diesem Moment an gänzlich geflasht. Sowas von geflasht, dass ich noch nicht mal mehr genau weiß, wo genau das war. Ich weiß nur noch, dass es in Los Angeles war. Wo auch sonst, wenn nicht in "Amiland". Jedenfalls, es war fantastisch!! Dieser güldene Sirup über diesen kleinen süßen Teilchen … Hach, was soll ich sagen, es war eine Offenbarung.

Ich fürchte, spätestens seit diesem Moment war Süßes zum Frühstück aus meinem Leben nicht mehr wegzudenken. Ob Pancakes oder Croissants, Marmelade oder schokoladige Aufstriche, Hauptsache süß.

Apropos Schokolade, da gibt es ja noch die gute, alte Nuss-Nugatcreme. Selbstverständlich war ich auch in diese vernarrt. Aber sowas von!! Es gab nichts Besseres, als dieses cremig-braune Zeugs auf dem Brot. Außer Mohrenkopfbrötchen vielleicht ☺. Ich hatte mal eine Studien-Freundin, da waren wir so Anfang/Mitte 20, die mir erzählte, sie hätte noch nie Nut … ähhh, Haselnuss-Nugat-Creme gegessen. Völlig angewidert erläuterte sie, man äße doch keine Schokolade auf einem Brötchen … Ähhhhh DOCH! Man isst Schokolade auf Brötchen. Wahlweise auch auf einem Brot oder von mir aus auch pur. Jedenfalls ISST man das!!! Ich war sichtlich entsetzt von der Tatsache, dass manchen Leuten Erlebnisse dieser Art (wie z. B. die Schokolade beim Biss ins Brötchen an der Oberlippe hängen bleibt und verschmiert) bislang im Leben gänzlich entgangen waren. Auf sowas Leckeres freiwillig verzichten?! Nein, danke. I'm out.

Ich würde auf meine Schoki nicht verzichten wollen. Und auf alle anderen Süßigkeiten ehrlich gesagt auch nicht. Also starte ich auch heute nach wie vor süß in den Tag …

Apfelbrot

Herrlich saftiges Apfelbrot gehört zu meinen absoluten Lieblingsbackwaren und am besten schmeckt es, wenn der Teig noch einen Hauch Strohrum verpasst bekommt. Wer Rum nicht mag, der kann diesen einfach weglassen. Wobei man dieses Apfelbrot zumindest ein einziges Mal mit den Rumrosinen machen sollte! Das macht es nämlich so besonders!

Die Zutaten:

120 g Rosinen
3 Esslöffel Strohrum (bitte keinen anderen Rum verwenden, da nur der Strohrum diesen typischen Geschmack hat!)
1 kg Äpfel
50 g Walnüsse
50 g Mandeln
2 Teelöffel Zimt
2 Teelöffel Kakaopulver
500 g Mehl
2 Päckchen Backpulver
1 Prise Salz
250 g brauner Zucker

Den Backofen auf 160 °C Umluft (180 °C Ober- / Unterhitze) vorheizen.

Eine große Kastenform (ca. 35 cm lang) mit Backpapier auslegen. Wer keine große Form hat, der kann auch zwei kleine nehmen.

Die Rosinen im Strohrum tränken und ca. eine Stunde lang (gerne auch länger) stehen lassen.

Die Äpfel waschen, entkernen und dann mit der Schale sehr fein raspeln. Walnüsse und Mandeln klein hacken und unter die Äpfel mischen. Die Rosinen nun ebenfalls dazugeben.

Zimt, Kakao, Mehl, Backpulver, Salz und braunen Zucker mischen und zu den Äpfeln geben. Alles zu einer gleichmäßigen Masse durcharbeiten.

Den Apfelteig in die Kastenform füllen und ca. 1 Stunde backen. Nach ca. 45 Minuten das Apfelbrot eventuell mit etwas Alufolie im Ofen bedecken, damit es nicht zu dunkel wird beim Backen. Wer kleinere Backformen benutzt, der muss die Backzeit eventuell etwas verkürzen. Ihr könnt, wie fast immer bei solchen gerührten Teigen, einfach einen Stäbchentest machen, um zu schauen, ob der Teig durchgebacken ist. Dazu mit einem Stäbchen in die Mitte des Brotes stechen, bleibt beim Herausziehen kein Teig mehr daran hängen, ist das Apfelbrot fertig gebacken.

Das Brot nach dem Backen gut auskühlen lassen.

Aprikosen Frangipane Puffs

Süße Blätterteigtaschen sind nicht nur zum gemütlichen Nachmittagskaffee eine Wucht, sondern auch bestens für ein Frühstück geeignet. Sie schmecken locker leicht und durch die Aprikosen auch sehr frisch. Meine Oma machte früher ganz fabelhafte Aprikosentaschen, die wir wahrlich alle geliebt haben! Es duftete dabei im ganzen Haus nach frischgebackenem Blätterteig, nach dieser Aprikosen-Mandel-Mischung sowie nach dem Bittermandelguss, welchen sie dafür herstellte. Eine wunderbare Erinnerung an frühere Zeiten …

Die Zutaten:

(Für 6 Stück):

Für die Taschen:
2 Rollen Blätterteig
70 g weiche Butter
80 g Puderzucker
einige Tropfen Bittermandelöl
80 g gemahlene Mandeln
30 g Mehl
1 Ei
6 Esslöffel Aprikosenmarmelade (ein Rezept für selbstgemachte Marmelade findet ihr auf Seite 31)
3 Aprikosen

Für den Guss:
100 g Puderzucker
1-2 Esslöffel Milch
einige Tropfen Bittermandelöl

Alternativ zum Guss:
Puderzucker zum Bestäuben

Zudem:
1 Eigelb zum Bestreichen

Den Backofen auf 180 °C Umluft (ca. 200 °C Ober- / Unterhitze) vorheizen.

Den Blätterteig ausrollen und in insgesamt 12 gleichgroße Quadrate schneiden.

Die weiche Butter mit dem Puderzucker schaumig schlagen. Das Bittermandelöl hinzugeben. Gemahlene Mandeln sowie Mehl und Ei unterziehen und gut verrühren. Die Mandelmasse nun mit der Aprikosenmarmelade verquirlen.

Die Mandelmischung, das sogenannte Frangipane, auf sechs der Quadrate (die man am besten gleich auf ein mit Backpapier ausgelegtes Blech gelegt hat) mittig verteilen.

Die Aprikosen waschen, entkernen und jeweils achteln. Die Aprikosenstücke gleichmäßig auf die Mandelmasse der sechs Quadrate verteilen und ein klein wenig in die Mandelmischung drücken.

Die Ränder der sechs Quadrate nun mit dem Eigelb bestreichen. Die anderen sechs Quadrate auf die gefüllten legen und die Ränder mit einer Gabel zusammendrücken.

Die Taschen für ca. 20 Minuten in den Ofen schieben, bis sie eine goldbraune Farbe angenommen haben.

Für den Guss den Puderzucker mit der Milch und dem Bittermandelöl verquirlen und auf die Aprikosen Puffs streichen. Wer keinen Guss möchte, der kann die Taschen auch einfach mit Puderzucker bestäuben.

Quarkkipferl

Croissants und Hörnchen gehören zu einem guten Frühstück irgendwie ja schon dazu. Ich selbst liebe typisch buttrige französische Croissants sehr, wollte aber zur Abwechslung mal eine Hörnchenvariante mit weitaus weniger Butter herstellen. Genauso lecker sollte es natürlich trotzdem sein! So kam ich zu meinen Quarkkipferl. Sie bestehen aus einem geschmeidigen Teig, der – wie der Name schon sagt – aus Quark gemacht wird, sich super formen lässt und unglaublich toll schmeckt! Den Teig stellt man am Abend zuvor her und formt morgens nur noch die Kipferl daraus. In den Ofen schieben und los geht's mit dem Frühstück!

Die Zutaten:

(Für ca. 12 Stück):

500 g Magerquark
550 g Mehl
500 g weiche Butter
100 g Zucker

Alle Zutaten zu einem Teig verarbeiten und gut durchkneten. Der Quarkteig sollte schön elastisch und gut zu verarbeiten sein. Er bleibt zwar ein klein wenig klebrig, sollte jedoch nicht mehr allzu sehr an den Fingern hängen bleiben. Ist dies dennoch der Fall, einfach noch ein klitzeklein wenig Mehl unterarbeiten.

Den Teig nun über Nacht in Frischhaltefolie gewickelt in den Kühlschrank stellen.

Am nächsten Tag den Backofen auf 160 °C Umluft (180 °C Ober- / Unterhitze) vorheizen.

Den Quarkteig auf einer bemehlten Fläche nochmals durcharbeiten und dann zu einem ca. 3 mm dicken Rechteck ausrollen. Die Teigplatte zunächst in 6 gleichgroße Rechtecke aufteilen und diese sodann in 12 gleichgroße Dreiecke schneiden (die Rechtecke dafür der Länge nach quer teilen). Nun die Dreiecke jeweils von der kurzen Seite zur Spitze hin zu Kipferl aufrollen.

Die Quarkkipferl etwas gebogen auf ein mit Backpapier ausgelegtes Backblech setzen und ca. 20 - 25 Minuten backen.

Vor dem Servieren mit Puderzucker bestäuben.

Wer will, kann die Kipferl vor dem Aufrollen und Backen natürlich noch mit Marmelade oder Nuss-Nugat-Creme füllen. Dafür etwas Füllung einfach in die Mitte des Dreiecks verteilen.

Dutch Blueberry Pancake

Für Pfannkuchen und Co. bin ich morgens ja immer zu haben! Wenn's dann auch noch so einfach und schnell geht, wie mit diesem Dutch Pancake, kann der Tag gar nicht besser starten! Der Pfannkuchen wird im Backofen gebacken, am besten in einer reinen Gusseisenpfanne oder Ähnlichem. Selbstverständlich könnt ihr aber auch jede andere backofenfeste Form dafür benutzen.

Die Zutaten:

2 Eier
120 ml Milch
40 g Zucker
1 Prise Salz
80 g Mehl
40 g Butter

Zudem:
Ca. 150 g Blaubeeren
Puderzucker zum Bestreuen
einige frische Blaubeeren zur Deko

Den Backofen auf 180 °C Umluft (200 °C Ober- / Unterhitze) vorheizen.

Die Eier mit der Milch, dem Zucker, dem Salz und dem Mehl zu einem Teig verrühren.

Die Butter in die Gusspfanne (oder in eine andere backofenfeste Form) geben und im Ofen kurz schmelzen lassen.

Die Pfanne aus dem Ofen nehmen und die gewaschenen Blaubeeren auf der flüssigen Butter verteilen.

Den Teig über die Beeren gießen und den Pfannkuchen im Ofen ca. 30 Minuten backen.

Dieser Ofen-Pfannkuchen geht beim Backen in der Regel sehr auf, die Ränder breiten sich oftmals nach oben hin aus. Das ist normal bzw. soll auch so sein. Nach dem Backen legt sich das meistens wieder etwas.

Den Pancake mit Puderzucker und einigen frischen Blaubeeren bestreuen und sofort servieren.

French Breakfast Donuts

Morgens in Paris aufwachen, einen Milchkaffee und einen frischen französischen Donut zum Frühstück verzehren und dabei auf den Eiffelturm schauen …
Eine schöne Vorstellung! Und damit man ein Stück Frankreich nach Hause holen kann, habe ich hier meine French Breakfast Donuts für euch. Das Besondere an diesen Donuts ist, dass sie nicht frittiert, sondern im Backofen gebacken werden und der Teig viel Muskatnuss enthält. Da man der Muskatnuss eine aphrodisierende Wirkung zusagt, passt das doch zur Stadt der Liebe …

Die Zutaten:

(Für ca. 12 Donuts):

Für den Teig:
80 g Butter
100 g Zucker
1 Ei
140 ml Milch
200 g Mehl
½ Päckchen Backpulver
1 gute Prise Salz
¼ Teelöffel geriebene Muskatnuss
1 Prise Zimt

Für die Zuckerkruste:
80 g Zucker
¼ Teelöffel Zimt
1 Prise geriebene Muskatnuss
80 g flüssige Butter

Zudem:
Butter für die Donutbackform

Den Backofen auf 160 °C Umluft (180 °C Ober- / Unterhitze) vorheizen.

Die Butter mit dem Zucker schaumig rühren.

Das Ei unterrühren und die Milch hinzugeben.

Nun das Mehl mit dem Backpulver, dem Salz, der Muskatnuss und dem Zimt mischen und ebenfalls zur Eier-Buttermasse hinzugeben. Alles zu einem glatten Rührteig verrühren.

Eine Donutbackform einbuttern und den Teig einfüllen. Die Donutförmchen dabei zu ca. ¾ befüllen, da der Teig beim Backen nachher noch aufgeht.

Die Donuts für ca. 20 Minuten backen.

In der Zwischenzeit den Zucker für die Zuckerkruste mit dem Zimt und der Muskatnuss mischen. Nach dem Backen sofort jeden Donut in die flüssige Butter tunken und anschließend im Zuckergemisch wälzen.

Kirsch Clafoutis

Seitdem Anfang 2013 mein Foodblog „Life Is Full Of Goodies" ins Leben gerufen wurde, habe ich schon unzählige Rezepte ausprobiert und veröffentlicht. Auf meinem Blog mischt jedoch hin und wieder auch meine Mom mit dem ein oder anderen Rezept mit. Sie beschäftigt sich nämlich genauso gerne mit der Herstellung von süßen Leckereien wie ich. Deshalb durfte natürlich auch hier im Buch ein süßes Frühstücksrezept von ihr nicht fehlen! Sie hat euch einen Kirsch Clafoutis mitgebracht. Ein Clafoutis besteht aus Obst mit einer Art Pfannkuchenteig, wird im Ofen gebacken und kann sowohl warm als auch kalt gegessen werden. Dazu passt eine Vanillesauce ganz wunderbar (Rezept dafür auf Seite 11).

Die Zutaten:

350 g Kirschen (frisch oder gut abgetropft aus dem Glas)
150 g Mehl
1 Prise Salz
2 Päckchen Vanillezucker
300 ml Milch
4 Eier

Zudem:
etwas Butter für die Auflaufform
etwas Zucker zum Ausstreuen der Auflaufform
Puderzucker zum Bestreuen

Den Backofen auf 180 °C Umluft (200 °C Ober- / Unterhitze) vorheizen.

Eine Auflaufform ausbuttern und mit etwas Zucker ausstreuen.

Die frischen Kirschen waschen, entsteinen und in der Form verteilen. Wer Kirschen aus dem Glas nimmt, der lässt diese gut abtropfen, bevor er sie in der Form verteilt.

Für den Teig Mehl, Salz, Vanillezucker und Milch glatt rühren. Die Eier verquirlen und dazugeben. Alles zu einem gleichmäßigen, flüssigen Teig verrühren.

Den Teig über die Kirschen gießen und den Clafoutis im Ofen ca. 25 Minuten backen.

Vor dem Servieren den Kirsch Clafoutis mit Puderzucker bestäuben.

Energy Bars

Es geht doch nichts über einen äußerst gesunden und dabei auch noch richtig köstlichen Snack zum Frühstück! Gesund und lecker zugleich geht nicht?!
Oh doch. Geht! Das beweisen diese unglaublich schmackhaften süßen Energieriegel hier, die nur aus getrockneten Datteln, Nüssen und Kokosraspeln gemacht werden.
Wer bei getrockneten Datteln die Nase rümpft, der soll sich sagen lassen, dass ich diese Dinger früher auch nie mochte, in Form von diesen Riegeln mittlerweile jedoch liebe!!!!!
Also unbedingt mal ausprobieren!

Die Zutaten:

100 g Walnüsse
100 g Mandeln
500 g getrocknete Datteln
100 g Kokosraspel

Die Walnüsse und die Mandeln sehr, sehr klein hacken.

Die getrockneten Datteln ebenfalls in ganz kleine Stücke schneiden. Das ist eine etwas klebrige Angelegenheit, lohnt sich aber. Wer einen guten Häcksler hat, der zerkleinert alles am besten in diesem.

Die klein gehackten Nüsse mit den geschnittenen Datteln mischen und verkneten.
Am besten funktioniert das mit den Händen.

Die Masse nun auf eine mit Kokosraspeln bestreute Fläche legen, plattdrücken und mit einem Nudelholz etwas ausrollen. Die Oberfläche bestreut ihr dabei ebenfalls mit Kokosraspeln, dann klebt das Nudelholz auch nicht mehr an der Dattelmasse.

Die Masse so dünn ausrollen, wie eure Riegel nachher dick sein sollen.
Die Dattelmasse nun mit einem Messer in kleine Riegel schneiden und diese nochmals in den Kokosraspeln wenden.

Im Kühlschrank aufbewahrt bleiben die Riegel schön fest und haltbar.

Chocolate Breakfast Brioche

Diese Brioche ist nicht sehr süß und darf daher keinesfalls mit einem Kuchen verwechselt werden. Es sind eher Brötchen, die man vielmehr mit süßen Aufstrichen, Frischkäse, Butter und Marmelade kombiniert. Bei diesen Schönheiten isst das Auge sicherlich mit.

Die Zutaten:

Für den Teig:
250 ml lauwarme Milch
1 Päckchen Vanillezucker
80 g Zucker
1 Würfel Hefe
500 g Mehl
1 Ei
1 Prise Salz
60 g weiche Butter

Zusätzlich für den Schokoteig:
1 Ei
25 g Zucker
50 g Kakaopulver

Zudem:
Ca. 50 ml Sahne zum Bestreichen der Brioche

Die lauwarme Milch mit dem Vanillezucker und dem Zucker verrühren. Die Hefe hineinbröckeln und die Flüssigkeit ca. 10 Minuten gehen lassen.

Das Mehl, das Ei, die Prise Salz und die weiche Butter in eine Schüssel geben und mit der Hefemilch vermischen. Alles einige Minuten lang gut durchkneten, bis ein glatter Teig entstanden ist, der nicht mehr kleben sollte. Sofern er dies dennoch tut, einfach noch ein klitzeklein wenig Mehl dazukneten.

Den Teig halbieren.

Aus einer der Teighälften den Schokoteig herstellen. Dafür das Ei, den Zucker und das Kakaopulver verquirlen, zum Teig hinzugeben und diesen erneut gut durchkneten. Auch hier sollte nichts mehr kleben und gegebenenfalls noch klein wenig mehr Mehl untergearbeitet werden.

Beide Teige nun auf einer bemehlten Fläche zu zwei Rechtecken von jeweils ca. 30 auf 40 cm dünn ausrollen. Die Teigplatten übereinanderlegen und der Länge nach zu einer großen Rolle aufrollen. Von der Rolle ca. 3 cm dicke Scheiben abschneiden und diese eng aneinander auf ein mit Backpapier ausgelegtes Backblech setzen. Die Scheiben abwechselnd nach rechts und links versetzt hintereinander setzen, dabei müssen sie sich direkt berühren, so dass nachher eine Art Zopf entsteht. Die Brioche nun nochmals ca. 20 Minuten gehen lassen.

Den Backofen auf 170 °C Umluft (190 °C Ober- / Unterhitze) vorheizen.

Die Brioche ca. 20 Minuten backen. Sobald sie aus dem Ofen kommt, diese sofort mit der Sahne bestreichen, das gibt einen schönen Glanz und rundet den Geschmack ab.

Nuss-Kokos-Hörnchen

Ein Nusshörnchen am Morgen vertreibt Kummer und Sorgen … Oder so ähnlich. Es macht zumindest gute Laune und das ist ja schon mal viel wert. Ich rede mir dann meistens noch ein, dass es ja aufgrund der Nüsse noch halbwegs gesund ist, und verputze so ein Ding mit freudigem Grinsen zu einer Tasse Milchkaffee. Bei diesen Hörnchen hier habe ich in die Nussfüllung noch etwas Kokos miteingearbeitet. Soll ja auch gesund sein ;-)

Die Zutaten:

(Für ca. 12 Hörnchen):

Für den Hörnchenteig:
1 Würfel Hefe
100 ml lauwarmes Wasser
500 g Mehl
½ Teelöffel Salz
80 g Zucker
100 g weiche Butter
130 ml Milch
1 Eigelb
1 Ei

Für die Nussfüllung:
200 g gemahlene Haselnüsse
50 g Kokosraspel
100 ml Kokosmilch
1 Teelöffel Zimt
100 g Honig

Zudem:
1 Eigelb zum Bestreichen
Puderzucker zum Bestäuben

Die Hefe in das lauwarme Wasser bröckeln und ca. 10 Minuten gehen lassen.

Mehl, Salz, Zucker, Butter, Milch, Eigelb und ganzes Ei vermischen, zum Hefewasser hinzugeben und alles zu einem glatten Teig verkneten. Den Hefeteig einige Minuten gut durchkneten und ca. 1 Stunde abgedeckt an einem warmen Ort gehen lassen.

Den Backofen auf 180 °C Umluft (200 °C Ober- / Unterhitze) vorheizen.

Für die Füllung zunächst die Haselnüsse in einer Pfanne ganz leicht anrösten, danach die Kokosraspel ebenso kurz anrösten. Anschließend beides mit der Kokosmilch, dem Zimt und dem Honig zu einer streichfähigen Paste verrühren.

Den Teig nochmals kurz durchkneten und zu einer runden Platte (ca. 35 cm Durchmesser) ausrollen. Die Platte nun in 12 "Tortenstücke" schneiden.

Jedes dieser Stücke mit etwas von der Nuss-Kokosfüllung bestreichen, die Ränder hierbei bitte freilassen. Nun jedes Tortenstück von der kurzen Seite her zu einem Hörnchen aufrollen. Leicht biegen und auf ein mit Backpapier ausgelegtes Backblech legen und nochmal ca. 10 Minuten gehen lassen.

Nun die Hörnchen mit etwas Eigelb bestreichen und für ca. 15 - 20 Minuten backen. Sie sollten eine schöne goldgelbe Farbe angenommen haben.

Vor dem Servieren die Nuss-Kokos-Hörnchen mit Puderzucker bestäuben.

Swedish Cardamom Rolls

Als meine Familie aus dem Schwedenurlaub mit meinem Bruder und dessen Lebensgefährtin zurückkamen, hatten sie alle nur noch eins im Sinn: Kardamomrollen!!! Ich hörte rund um die Uhr nur noch Schwärmereien über diese ach so tollen und ach so leckeren Zimtschnecken, die mit viiieeeel Kardamom gebacken werden und die es dort überall zu kaufen und zu essen gibt. Das sei ja SOOO lecker gewesen! Ist ja klar, dass ich die Teilchen auch backen musste.

Die Zutaten:

Für den Hefeteig:
200 ml lauwarme Milch
70 g flüssige Butter
1 Würfel Hefe
500 g Mehl
1 Teelöffel gemahlener Kardamom
1 Prise Salz
100 g Zucker
1 Ei

Für die Füllung:
120 g flüssige Butter
80 g brauner Zucker
40 g weißer Zucker
1 gehäufter Esslöffel gemahlener Kardamom
1 Teelöffel Zimt

Für den Guss:
2 Esslöffel flüssige Butter
2 Esslöffel brauner Zucker
½ Teelöffel gemahlener Kardamom

Zudem:
Butter für die Backform
Hagelzucker zum Bestreuen
Gemahlener Kardamom zum Bestreuen

Die lauwarme Milch mit der flüssigen Butter mischen und die Hefe hineinbröckeln. Die Flüssigkeit ca. 10 Minuten gehen lassen.

Das Mehl mit dem gemahlenen Kardamom, dem Salz und dem Zucker mischen. Das Ei hinzugeben und mit der Milch-Hefemischung vermengen. Alles zu einem gleichmäßigen Teig verkneten. Dieser sollte nicht mehr kleben, anderenfalls noch ein klitzeklein wenig mehr Mehl unterkneten. Ca. 1 Stunde abgedeckt an einem warmen Ort gehen lassen.

Den Backofen auf 170 °C Umluft (190 °C Ober- / Unterhitze) vorheizen.

Für die Füllung die flüssige Butter mit dem braunen und dem weißen Zucker sowie dem Kardamom und dem Zimt vermischen.

Den Hefeteig nochmals kurz durchkneten und auf eine Fläche von ca. 40 cm auf 40 cm ausrollen. Die Füllung mit einem Pinsel gleichmäßig auf der Teigplatte verstreichen und ein paar Minuten einziehen lassen. Die Teigplatte nun in ca. 12 gleiche Streifen schneiden. Diese Streifen nun einzeln aufrollen und die Röllchen alle nebeneinander in eine gebutterte Gussform (oder eine andere Back- oder Springform) setzen.

Wer möchte, dass die Kardamomrollen beim Backen nachher etwas nach oben „hinausbacken“ (wie auf dem Foto), der zieht das Innere der Teigschnecken einfach ein Stück weit oben raus.

Die Rollen nochmals ca. 20 Minuten gehen lassen und anschließend für ca. 20 - 25 Minuten backen. Sie sollten eine schöne goldgelbe Farbe bekommen.

Für den Guss die flüssige Butter mit dem braunen Zucker und dem gemahlenen Kardamom vermengen und auf die frischgebackenen Rollen streichen. Sofort mit Hagelzucker bestreuen und, wer eine extra Ladung Kardamom möchte, noch zusätzlich mit Kardamom bestreuen.

Raspberry Brie Turnovers

Fruchtige Himbeeren mit zartschmelzender weißer Schokolade und cremigem Brie in einer luftigen Blätterteighülle. Das sind meine Raspberry Brie Turnovers. Die Kombination von mildem Käse und fruchtig-süßer Marmelade begeistert mich schon viele Jahre. Insofern war klar, es muss auch eine Frühstücksidee her, die diese Komponenten miteinander vereint. Und da es auf Seite 32 eine Himbeermarmelade mit weißer Schoki gibt, wurde die hier auch gleich verarbeitet.

Die Zutaten:

(Für 6 Stück):

1 Rolle Blätterteig
100 g Brie
12 Himbeeren
100 g Himbeermarmelade (die Marmelade von Seite 32 oder gekaufte)
50 g weiße Schokolade

Zudem:
1 Eigelb
2 Esslöffel Sahne

Den Backofen auf 180 °C Umluft (200 °C Ober- / Unterhitze) vorheizen.

Den Blätterteig in sechs Quadrate aufteilen. Den Brie in Scheiben schneiden und auf den Quadraten mittig verteilen.

Die Himbeeren auf den Brie setzen und die Marmelade obendrüber geben.

Die weiße Schokolade klein hacken und gleichmäßig über die Marmelade streuen.

Das Eigelb mit der Sahne vermischen und die Ränder der Quadrate damit bepinseln.

Nun die Quadrate quer umklappen, das heißt eine Ecke auf die gegenüberliegende Ecke umlegen, damit ein Dreieck entsteht. Aufgrund dieser Technik kommt übrigens auch der Name „Turnover" zustande, was soviel heißt wie umschlagen oder umklappen.

Die Ränder der Dreiecks-Taschen nun noch mit einer Gabel zusammendrücken und gut verschließen, damit beim Backen nicht allzu viel von der Füllung herausläuft, und die Taschen mit der restlichen Eigelb-Sahne-Mischung bestreichen.

Die Turnovers ca. 15 Minuten backen, bis sie eine goldbraune Oberfläche bekommen haben.

Kalt oder warm genießen.

Banana Cream Cheese Bread

Eine meiner großen Lieben im Hinblick auf süßes Gebäck ist Bananenbrot. Schon als Teenie habe ich andauernd Bananenkuchen gebacken, unter anderem weil es der Lieblingskuchen meines Bruders war. Später dann fing ich an, süßes Bananenbrot herzustellen, das man auch wunderbar zum Frühstück essen konnte. Um das Brot geschmacklich noch etwas hervorzuheben, habe ich es hier mit einem Cream Cheese Strudel verfeinert. Ob mit Butter, Marmelade oder pur, es schmeckt einfach herrlich!

Die Zutaten:

Für den Bananenteig:
500 g sehr reife Bananen
250 g Mehl
70 g brauner Zucker
30 g weißer Zucker
1 gute Prise Salz
100 ml Rapsöl
1 Päckchen Vanillezucker
1 Päckchen Backpulver
2 Eier
½ Teelöffel Zimt

Für den Cream Cheese Strudel:
300 g Frischkäse
1 Ei
80 g Zucker
2 Esslöffel Mehl

Zudem:
Etwas Fett für die Kastenform

Den Backofen auf 160 °C Umluft (180 °C Ober- / Unterhitze) vorheizen.

Die reifen Bananen mit einer Gabel zerdrücken.

Alle Zutaten für den Bananenteig zu einem gleichmäßigen Rührteig verarbeiten.

Die Hälfte des Bananenteigs in eine gefettete Kastenform füllen.

Die Zutaten für den Cream Cheese Strudel ebenfalls miteinander verrühren und über den Teig in der Form verteilen. Mit einer Gabel die beiden Mischungen ein wenig miteinander verziehen. Nun den übrigen Bananenteig darüber geben und das Brot ca. 1 Stunde im Ofen backen.

Nach ca. einer halben Stunde nachschauen, ob einem das Bananenbrot zu dunkel wird. Sollte dies der Fall sein, das Brot einfach mit einem Stück Alufolie abdecken und weiterbacken.

Peach Cobbler

Schon mal warmen Pfirsich zum Frühstück gegessen?! Gebacken als Auflauf?! Nein?! Dann wird's höchste Zeit! Glaubt mir, ich weiß, wovon ich rede. Kein Frühstück verbindet die Kombination frischer orangefarbener Frucht besser mit einem buttrigen Biskuit-Topping, das auf der Zunge zergeht als der Peach Cobbler. Beim Backen karamellisiert der Pfirsich leicht und verbindet sich unglaublich fein mit dem Biskuitteig.
Wer möchte, der serviert noch eine sahnige Vanillesauce dazu (Rezept auf Seite 11).
Damit kann ein Tag nur prima anfangen!

Die Zutaten:

500 g Pfirsiche
70 g brauner Zucker
¼ Teelöffel Zimt
1 Spritzer Zitronensaft
150 g Mehl
80 g Zucker
¼ Teelöffel Salz
100 ml Milch
1 Teelöffel Backpulver
80 g weiche Butter

Zudem:
etwas Butter für die Auflaufform
2 Esslöffel brauner Zucker zum Bestreuen
½ Teelöffel Zimt zum Bestreuen

Den Backofen auf 180 °C Umluft (200 °C Ober- / Unterhitze) vorheizen.

Die Pfirsiche waschen, entkernen und in mundgerechte Stücke schneiden.
Mit dem braunen Zucker, dem Zimt und dem Zitronensaft vermengen.

Die Pfirsichstücke nun in eine gebutterte Auflaufform füllen und ca. 10 Minuten backen. Sind die Pfirsiche allerdings schon sehr reif und daher auch weich, so genügen hier auch 7 - 8 Minuten.

Für das Biskuit-Topping das Mehl mit dem Zucker und dem Salz mischen.
Die Milch, das Backpulver und die weiche Butter hinzugeben und alles gut zu einem gleichmäßigen weichen Teig verrühren.

Die Pfirsiche aus dem Ofen holen und den Teig esslöffelweise auf die Pfirsiche geben.
Nun die Form zurück in den Ofen stellen und den Peach Cobbler für weitere 20 - 25 Minuten backen. Die Oberfläche erhält dabei eine goldgelbe Farbe.

Zum Bestreuen noch den braunen Zucker mit dem Zimt vermischen und über dem fertig gebackenen Peach Cobbler verteilen.

Sweet Corn Waffles

Jetzt mal ganz im Ernst. Mein Tag kann nicht besser starten als mit Waffeln. Und besser aufhören eigentlich auch nicht. Waffeln gehen immer. Ich erinnere mich an den ein oder anderen Hotelaufenthalt, bei welchem bereits zum Frühstück unter anderem Waffeln kredenzt wurden. Egal wie groß und reichhaltig das Buffet war, mindestens eine Waffel landete immer auf meinem Teller.
Damit's dem Waffeleisen nicht zu langweilig wird, experimentiere ich gerne mit verschiedenen Zutaten. So entstanden unter anderem auch diese unglaublich leckeren Sweet Corn Waffles.

Die Zutaten:

Für den Waffelteig:
120 g weiche Butter
120 g Zucker
1 Päckchen Vanillezucker
3 Eier
150 g pürierter Mais (dazu einfach weichgekochten frischen Mais oder gerne auch Mais aus der Dose durchpürieren)
250 g Mehl
1 Prise Salz
½ Päckchen Backpulver
250 ml Milch

Zudem:
130 g weichgekochte ganze Maiskörner (frisch oder aus der Dose)
Neutrales Öl für das Waffeleisen (zum Beispiel Rapsöl)

Die Butter mit dem Zucker und dem Vanillezucker schaumig schlagen.

Die Eier nacheinander unterrühren.

Den pürierten Mais hinzugeben und unter die Masse rühren.

Mehl, Salz und Backpulver mischen und zusammen mit der Milch zum Teig geben. Den Waffelteig gut verrühren, damit eine cremige Konsistenz entsteht.

Nun noch die ganzen Maiskörner unter den Teig heben.

Das Waffeleisen mit etwas neutralem Öl einpinseln.
Eine Kelle voll Teig hineingeben und die Waffeln auf mittlerer Stufe langsam ausbacken.

Dazu passt herrlich die Hot Chocolate Sauce von Seite 13 sowie die Vanillesauce von Seite 11.

Toffee Pumpkin Buns

Ok, lasst es mich erklären: DAS sind die mit ABSTAND besten Buchteln, Rohr- oder Ofennudeln, die ich je gemacht und gegessen habe! Ihr könnt sie von mir aus nennen, wie ihr wollt, bei mir heißen die eben Toffee Pumpkin Buns. Warum?! Ganz einfach: Weil ich sie mit Karamell, also Toffee, und Kürbis, also Pumpkin, zubereitet habe. Und keine Sorge, die Buns schmecken nicht nach Gemüse. Das Kürbispüree im Teig sorgt lediglich dafür, dass dieser locker und saftig wird. Versprochen!

Die Zutaten:

Für den Pumpkin Hefeteig:
100 g Kürbispüree (dafür benötigt man einen essbaren Kürbis, z. B. Hokkaido)
500 g Mehl
70 g Zucker
1 gute Prise Salz
1 Würfel Hefe
100 ml lauwarme Milch
75 g flüssige Butter
2 Eier

Für das Toffee:
150 ml Sahne
200 g Butter
300 g brauner Zucker
2 Päckchen Vanillezucker
1 Prise Zimt nach Wunsch

Zudem:
Butter für die Auflaufform
1 Eigelb oder etwas Sahne zum Bestreichen
Puderzucker zum Bestäuben

Für das Kürbispüree den Kürbis ca. 30 Minuten bei 180 °C Umluft (200 °C Ober- / Unterhitze) weichgaren, anschließend von der Schale befreien und pürieren.

Das Mehl mit dem Zucker und dem Salz vermischen. Die Hefe darüber zerbröckeln. Die lauwarme Milch mit der flüssigen Butter vermischen und zum Mehl geben. Alles gut verkneten.

Die Eier nacheinander unter den Teig arbeiten, ebenso das Kürbispüree. Einige Minuten durchwerkeln, bis ein schöner glatter Hefeteig entstanden ist. Sollte der Teig noch zu sehr kleben, gebt ihr noch ein klitzeklein wenig Mehl dazu. Den Hefeteig nun abgedeckt an einem warmen Ort ca. 1 Stunde gehen lassen.

In der Zwischenzeit kann das Toffee zubereitet werden. Dafür alle Toffee-Zutaten in einem Topf mischen und unter Rühren aufkochen lassen. Die Hitze reduzieren und das Toffee noch 2 - 3 Minuten weiterköcheln lassen. Wer mag, kann noch eine Prise Zimt dazugeben. Rühren hierbei nicht vergessen.

Den Backofen auf 160 °C Umluft (180 °C Ober- / Unterhitze) vorheizen.

Ca. 150 - 200 ml vom Toffee in eine gebutterte Auflaufform gießen. Der Boden sollte schön bedeckt sein. Den Rest zur Seite stellen.

Nun den Teig nochmals gut durchkneten und in ca. 12 gleichgroße Stücke schneiden. Die Stücke zu Kugeln formen und in die Auflaufform auf das Toffee setzen. Nochmals ca. 10 Minuten gehen lassen. Währenddessen die Oberfläche noch mit etwas Eigelb oder Sahne bestreichen.

Die Buns ca. 25 Minuten goldbraun backen und am besten noch warm mit etwas Puderzucker bestäuben und dem restlichen Toffee servieren.

Pancake Auflauf

Pancakes kennt heutzutage ja jeder. Aber was ist mit einem Pancake Auflauf?! Tjahaaa, das ist doch mal was anderes! Wer also Lust hat, sein Frühstück mit einer etwas anderen Pancake Variante auszustatten, der sollte unbedingt diesen Auflauf ausprobieren. Sieht nicht nur toll aus, schmeckt auch so! Das Beste daran ist, dass man den ganzen Auflauf schon am Abend zuvor machen kann und morgens dann nur noch backen muss. Herrlich schmeckt dazu eine Vanillesauce, die ihr ebenfalls schon am Tag zuvor zubereiten könnt (Rezept gibt's auf Seite 11) oder auch eine Hot Chocolate Sauce (Rezept Seite 13). Ich habe hier übrigens einen großen Auflauf mit gut 30 kleinen Pancakes gemacht. Wem das zu viel ist, der halbiert einfach die Zutatenmenge!

Die Zutaten:

Für die Pancakes:
200 ml Buttermilch
200 ml Milch
4 Eier
1 Prise Salz
1 Päckchen Backpulver
½ Teelöffel Natron
100 g Zucker
1 Päckchen Vanillezucker
350 g Mehl

Für den Auflauf:
6 Eier
200 ml Sahne
300 ml Milch
100 g Zucker

Zudem:
Fett zum Ausbacken der Pancakes
Butter für die Auflaufform
150 g Beeren
Puderzucker zum Bestäuben

Alle Zutaten für die Pancakes mischen und zu einem glatten Teig verrühren. In einer Pfanne mit etwas Fett ca. 30 kleine Pancakes daraus backen.

Alle Pancakes nun hintereinander in eine gebutterte Auflaufform stellen. Die Pancakes sollen also hochkant in der Form stehen. Am besten ihr fangt mit dem Aneinanderreihen an einer Seite der Form an und stapelt die einzelnen Pancakes dann nacheinander aufrecht stehend hintereinander. Wenn die Form voll ist, können sie dann auch nicht mehr umfallen.

Die Zutaten für den Auflauf nun gut verrühren und gleichmäßig über die Pancakes gießen. Der Auflauf soll jetzt mindestens eine Stunde oder gar über Nacht im Kühlschrank ziehen.

Vor dem Backen die Beeren auf dem Auflauf verteilen. Den Backofen auf 160 °C Umluft (180 °C Ober- / Unterhitze) heizen und den Pancake Auflauf ca. 1 Stunde lang backen. Nach ca. 30 Minuten im Ofen nachschauen, ob der Auflauf schon dunkel wird. Ist dies der Fall, sollte er im Ofen mit Alufolie abgedeckt werden. Das verhindert, dass er beim weiteren Backen zu stark bräunt.

Nach dem Backen in größere Stücke schneiden und mit Puderzucker bestäuben.

Bread Pudding

Bread Pudding begegnete mir das erste Mal während eines Aufenthalts in Bangkok. Zugegeben, es handelt sich hierbei um alles andere als um eine typisch asiatische Puddingform, aber dort aß ich ihn zum Frühstück tatsächlich das erste Mal in einem Hotel. Und da mir dieser Brotpudding so unglaublich gut geschmeckt hat, ist er mir bis heute in Erinnerung geblieben!
Seither habe ich Bread Pudding schon in allen möglichen Variationen ausprobiert, mit Früchten, mit Eierlikör und, und, und. Für euch habe ich hier eine meiner klassischen Versionen parat.

Die Zutaten:

2 Brötchen vom Vortag
3 Eier
150 ml Sahne
50 g Zucker
1 Päckchen Vanillezucker

Zudem:
etwas Butter für die Auflaufform
etwas Puderzucker zum Bestreuen

Den Backofen auf 160 °C Umluft (180 °C Ober- / Unterhitze) vorheizen.

Die Brötchen in kleine Würfel schneiden und in eine gebutterte Auflaufform geben.

Die übrigen Zutaten verrühren und über die Brotwürfel gießen. Ca. 5 Minuten quellen lassen und den Pudding sodann für ca. 25 - 30 Minuten backen. Droht der Auflauf während des Backens nach ca. 15 - 20 Minuten etwas zu dunkel zu werden, dann deckt ihn einfach im Ofen mit etwas Alufolie ab.

Den Bread Pudding aus dem Ofen holen, mit Puderzucker bestreuen und warm mit Vanille- oder Schokosauce servieren. Rezepte dafür findet ihr auf den Seiten 11 oder 13.

Sweet Corn Bread

Corn Bread kenne ich hauptsächlich aus Amerika, da dort viele Backwaren Maismehl enthalten. Es gibt sowohl süße als auch salzige Variationen, das salzige Brot isst man häufig als Beilage zu warmen Mahlzeiten. Da ich selbst ja meistens die süßen Varianten bevorzuge, wollte ich ein süßes Maisbrot kreieren, das man perfekt zum Frühstück genießen kann. Et voilà!
Das Sweet Corn Bread ist herrlich saftig und schmeckt zum Beispiel himmlisch gut mit einer salzigen Butter! Oder natürlich auch mit allen süßen Aufstrichen, mit Frischkäse und, und, und.

Die Zutaten:

4 Eier
250 ml Milch
1 Päckchen Vanillezucker
120 g Zucker
150 g flüssige Butter
½ Teelöffel Salz
170 g Maismehl
1 Päckchen Backpulver
250 g Mehl

Zudem:
Etwas Butter oder Margarine zum Ausfetten der Kastenform

Den Ofen auf 160 °C Umluft (180 °C Ober- / Unterhitze) vorheizen.

Die Eier trennen.

Die Eigelbe mit der Milch, dem Vanillezucker und 50 g vom Zucker verrühren.

Die flüssige Butter und das Salz zu der Eiermasse hinzugeben und erneut gut verquirlen.

Das Maismehl mit dem Backpulver und dem Mehl vermischen und nach und nach unter die Eier-Buttermasse ziehen. Mit einem Rührgerät einen geschmeidigen Teig herstellen.

Das Eiweiß mit dem restlichen Zucker steif schlagen und unter den Rührteig heben.

Den Teig in eine gefettete Kastenform gießen und ca. 35 Minuten (je nach Größe der Kastenform) backen.

Bevor ihr das Brot aus dem Ofen nehmt, macht bitte einen Stäbchentest, um zu schauen, ob der Teig durchgebacken ist. Dafür ein Stäbchen mitten in das süße Brot stechen und herausziehen. Bleibt kein Teig daran hängen, kann es raus aus dem Ofen. Anderenfalls einfach noch einige Minuten weiterbacken.

Breakfast Cookies

Diese Frühstückstaler sind perfekt, um gesund in den Tag zu starten. Mit einem Glas Milch, einem Kaffee oder einem Saft schmecken sie ganz hervorragend. Die Taler halten sich kühl gelagert mehrere Tage und sind auch als Snack für zwischendurch bestens geeignet. Sie machen satt und sind durch und durch mit gesunden Zutaten ausgestattet. Und JA, sie schmecken auch total lecker! Logo!

Die Zutaten:

200 g sehr reife Banane (ca. 2 Stück)
30 ml Kokosöl
50 ml Agavendicksaft
¼ Teelöffel Zimt
50 g Kokosraspeln
100 g Rosinen
50 g gehackte Mandeln
50 g getrocknete Cranberrys
100 g zarte Haferflocken
1 Esslöffel Erdnussbutter (ca. 35 g)

Den Backofen auf 160 °C Umluft (180 °C Ober-/Unterhitze) vorheizen.

Die Banane mit einer Gabel zerdrücken.

Das Kokosöl und den Agavendicksaft mit dem Bananenmus mischen.

Den Zimt dazugeben.

Die Kokosraspel sowie auch die Rosinen, die gehackten Mandeln und die Cranberrys untermischen. Alles gut und gleichmäßig vermengen.

Zum Schluss noch die Haferflocken und die Erdnussbutter dazugeben und die Masse nochmals mit den Händen oder einem Rührgerät gut durcharbeiten.

Mit einem Löffel kleine runde Häufchen aus der Keksmasse abstechen und diese auf ein mit Backpapier ausgelegtes Blech setzen.

Die Kekse ca. 20 Minuten backen. Je nach Größe eurer Taler kann die Backzeit etwas variieren. Die Breakfast Cookies sollten jedenfalls eine schöne Farbe angenommen haben.

Zucchini Lemon Pancakes

Einen guten Start in den Tag hat man mit diesen fluffigen Pancakes, die ganz sanft nach Zitrone schmecken und durch die Zucchini dabei auch noch supersaftig sind. Passenderweise serviert man diese leckeren Teilchen mit dem Creamy Lemon Syrup von Seite 17. Eine perfekte Kombi!
Die Zucchini sollten sehr fein geraspelt sein, damit sie sich gut mit dem Teig vermischen lassen und eine homogene Masse entsteht. Ob ihr grüne oder gelbe Zucchini nehmt, bleibt euch überlassen! Die gelben werden im Teig natürlich nicht so sichtbar, ideal also, wenn man das gesunde Gemüse in den süßen Leckereien „verstecken“ will.

Die Zutaten:

Für den Pancaketeig:
250 g Mehl
½ Päckchen Backpulver
150 g Zucker
1 Prise Salz
50 ml Rapsöl
130 g Naturjoghurt
3 Eier
etwas Zitronenaroma oder ein Spritzer Zitronensaft
Zesten von ½ Zitrone
200 g sehr fein geraspelte Zucchini (gelbe oder grüne)

Zudem:
Etwas Butter zum Ausbacken der Pancakes

Für die Pancakes das Mehl mit dem Backpulver, dem Zucker und dem Salz mischen.

Das Öl und den Naturjoghurt hinzugeben.

Die Eier nacheinander unterrühren.

Das Zitronenaroma (oder den Zitronensaft) sowie die Zitronenzesten hinzugeben und den Teig nochmal gut durchmengen. Zum Schluss die fein geraspelten Zucchini unterheben.

In einer Pfanne ein ganz klein wenig Butter schmelzen und kleine Pfannkuchen darin auf mittlerer Stufe ausbacken. Die Pfanne darf nicht zu heiß werden, da die Pancakes sehr langsam durchbacken sollen. Nicht vergessen die Pfannkuchen nach einiger Zeit zu wenden. Diesen Vorgang so lange wiederholen, bis der Teig aufgebraucht ist.

Die Pancakes warm servieren. Am Leckersten finde ich sie mit dem Creamy Lemon Syrup von Seite 17, der meiner Meinung nach perfekt dazu passt.
Wer keine Lust hat, eine Sauce zu machen, der gibt einfach ein Stück Butter und ein wenig Ahornsirup über die Pancakes. Das ist genauso lecker!

There's always a reason for cake!

Kuchen wohin das Auge blickt!

Kuchen. Für Kuchen gibt's immer einen Grund. Und immer einen GUTEN Grund. Er versüßt nämlich die Laune. Und damit das Leben. Was gibt es Schöneres, als eine gemütliche Tasse Kaffe am Nachmittag zu trinken und diese mit einem fruchtigen, cremigen oder sahnigen Stück Kuchen zu kombinieren. Entspannung pur.

Wie bei so ziemlich allem Süßen, liebe ich Kuchen in allen Variationen!! Vom einfachen Rührteig bis hin zum No Bake Cheesecake. Deshalb gibt es im Folgenden einen Rundumschlag verschiedenster Kuchenköstlichkeiten. Ich verrate euch den ein oder anderen Familienklassiker, habe aber auch ganz neue Kreationen im Gepäck.

Eine ganz besondere Kuchen-Leidenschaft von mir ist allerdings der Hefeteig. Was für eine tolle Erfindung!! Hefeteig ist in unserer Familie unser aller Liebling. Nix Besseres als der Geruch von frischem, warmem Hefegebäck. Und am liebsten auch gleich lauwarm verputzt! Alle anderen wollen ihn lieber abgekühlt, ich könnte ihn grundsätzlich noch ganz heiß in mich hineinstopfen. Jaja, das macht angeblich Bauchweh. Ich weiß. Hab ich schon gehört. Mindestens tausend Mal. Ich hab Hefegebäck trotzdem immer gleich warm gefuttert! Abwarten war noch nie so meine Stärke.
So oft wie ich mir im Kindesalter … ähh, ich korrigiere: So oft wie ich mir in meinem Leben bis heute schon den Satz „Wart doch noch ab, des isch noch zu heiß, da kriegsch doch Bauchweh!!" anhören musste, kann ich überhaupt nicht zählen. Hätte ich jedes Mal einen Cent dafür gekriegt, ich könnte mir mit Sicherheit das ein oder andere luxuriöse neue Küchenutensil davon zulegen. Tja ja. Mir wurde übrigens nie schlecht. Zumindest nicht vom zu warmen Hefeteig. Höchstens vom zu vielen Hefeteig.

Was ich übrigens schon vor vielen Jahren für mich entdeckt habe, ist das Backen mit Gemüse. Mit Karotten oder Zucchini im Teig werden Kuchen immer wunderbar saftig. Und nein, ich kann alle Skeptiker beruhigen, der Kuchen schmeckt dann nicht nach Gemüse. Er bekommt dadurch lediglich eine herrliche Konsistenz und mutiert gerne zu einem geschmacklichen Highlight. Und sofern man der männlichen Schöpfung nicht erzählt, dass sich „Grünzeug" im Kuchen befindet, finden die das in der Regel auch immer total lecker. Mit Gemüse habe ich seither viel experimentiert.

Es geht weiter damit, dass ich in vielen Kuchenteigen Kartoffeln verarbeite, aber auch Kürbis und Süßkartoffel kommen häufig zum Einsatz. Und das nicht nur in Rührteigen. Sondern sogar in Hefeteigen. Die gehören seither auch zu meinen Spezialitäten. Einige davon stelle ich euch hier im Buch vor und kann jedem nur raten, das zumindest ein einziges Mal auszuprobieren. Ich bin mir sicher, ihr werdet es im Folgenden auch ein zweites oder drittes Mal kosten wollen …

Eine weitere große Kuchen-Liebe von uns daheim ist Käsekuchen. Wer meinen Blog „Life Is Full Of Goodies“ verfolgt, der weiß, dass wir zuhause seit Jahren eine ganz bestimmte Mission verfolgen:
Finde den perfekten Käsekuchen für Paps!! Eine „Mission Impossible“ sozusagen. DER Käsekuchen, der in Dads Augen perfekt ist, muss nämlich erst noch „gebacken“ werden, glaube ich. Also nicht, dass er viele Käsekuchen-Varianten von meiner Mom und mir nicht mochte. Im Gegenteil. Da waren immer mal wieder richtig tolle Käsekuchenkreationen dabei, die auch Paps sehr gut und lecker fand. Aber PERFEKT war in seinen Augen noch keiner. Höchstens fast perfekt.

Gut, dass die Geschmäcker im Hause Hörner verschieden sind. Eines Tages, zu Beginn meiner „Bloggerkarriere“ hatte ich einen total cremigen und neuartigen New York Cheesecake gemacht, den ich stolz und völlig überzeugt meinem Dad zum Testessen präsentierte. Mehr als ein „Das ist der wohl schlechteste Käsekuchen, den ich je gegessen hab“ war da dann leider nicht drin. LACH*** Na gut, nach ca. 30 Jahren hätte ich aber auch wissen müssen, dass Paps unter Käsekuchen einen Kuchen versteht, der ganz klassisch aussieht, mit Quark gemacht wurde und schmeckt wie früher zu Omas besten Zeiten. ;-) Cremiger New York Style Cheesecake mit roter Sauce obendrauf hätte ich in diesem Moment vielleicht einfach nicht als „Käsekuchen“ verkaufen sollen …

Hach ja, seitdem gibt´s zwar immer mal wieder einen cremigen Cheesecake, den nenne ich dann aber eben nicht mehr Käsekuchen. Damit keine falschen Vorstellungen und Erwartungen vor dem Verzehr entstehen. Man lernt ja dazu. Auch nach 30 noch … ;-)

Also, wir suchen ihn. Den PERFEKTEN Käsekuchen für Dad. Nach wie vor. Aber die Suche macht ja auch Spaß. Manchmal ist eben der Weg das Ziel.

In diesem Sinne: Have a coffee, have a cake and be happy!

ROSTFREI

Erdbeer-Rhabarber-Swirl-Cheesecake

Käsekuchen und Fruchtstrudel. Schmeckt zum einen super und sieht zum anderen meiner Meinung nach ganz fantastisch aus. Das Auge isst ja schließlich mit. Dieser Cheesecake hat einen schnell zubereiteten Keksboden, eine recht klassische Käsekuchenfüllung und als i-Tüpfelchen den Fruchtswirl, der aus Rhabarber und Erdbeeren besteht. Ihr könnt den Swirl aber auch problemlos nur aus Erdbeeren machen, falls gerade kein frischer Rhabarber zur Hand sein sollte. Dann einfach die Menge an Rhabarber mit einer zusätzlichen Menge an Erdbeeren ersetzen.

Die Zutaten:

Für den Keksboden:
200 g Butterkekse
100 g flüssige Butter

Für den Rhabarber Erdbeerswirl:
150 g Rhabarber
150 g Erdbeeren
70 g Zucker
1 gehäufter Esslöffel Speisestärke
2 Esslöffel Wasser

Für die Käsefüllung:
500 g Magerquark
500 g Quark mit 20 % Fett
300 g Zucker
1 Prise Salz
2 Päckchen Vanillepuddingpulver
100 ml Rapsöl
500 ml Milch
4 Eier

Zudem:
Puderzucker zum Bestäuben

Den Backofen auf 170 °C Umluft (190 °C Ober- / Unterhitze) vorheizen.

Für den Boden die Butterkekse ganz fein häckseln oder in einem Gefrierbeutel mit einem Nudelholz ganz fein walzen. Die flüssige Butter mit den Kekskrümeln vermengen. In eine Springform (Durchmesser ca. 26 - 28 cm) füllen, gleichmäßig verteilen und platt drücken.

Für den Swirl den geschälten Rhabarber in Stücke schneiden und in einem Topf mit den gewaschenen, klein geschnittenen Erdbeeren und dem Zucker aufkochen. Einige Minuten köcheln lassen, bis der Rhabarber weich ist und anschließend alles durchpürieren.

Die Speisestärke mit dem Wasser glatt rühren und zur Rhabarber-Erdbeermasse geben. Alles unter Rühren nochmals kurz aufkochen. Vom Herd nehmen und stehen lassen.

Alle Zutaten für die Käsefüllung gut verrühren, auf den Keksboden geben und glattstreichen.

Die Rhabarber-Erdbeermasse nun mit einem Löffel in Form eines Strudels vorsichtig auf der Käsemasse verteilen. Die Fruchtmasse sinkt dabei etwas in der Käsemasse ein.

Den Cheesecake nun ca. 60 - 75 Minuten backen. Nach 30 - 40 Minuten nachschauen, ob der Kuchen im Backofen schon zu sehr bräunt. Ist dies der Fall, sollte man ihn einfach mit etwas Alufolie im Ofen abdecken, um zu vermeiden, dass er zu dunkel wird.

Nach dem Backen komplett auskühlen lassen und vor dem Servieren mit Puderzucker bestäuben.

Chocolate Zucchini Cake

So ein Schokokuchen ist ja schon was Leckeres. Reichhaltig muss er sein. Und saftig. Und seeehr schokoladig. Wie das gelingt, kann ich euch verraten: mit Zucchini im Teig! Nein, nicht erschrecken. Der Kuchen schmeckt dann nicht nach dem grünen Gewächs. Die Zucchiniraspel haben einen ziemlich neutralen Geschmack, sorgen aber dafür, dass der Teig unglaublich saftig wird. Dadurch kommt der Schokoladengeschmack perfekt zur Geltung. Einfach nur köstlich!

Die Zutaten:

5 Eier
150 g weißer Zucker
150 g brauner Zucker
250 ml neutrales Öl (z. B. Rapsöl)
350 g Zucchiniraspel
1 Teelöffel Zimt
200 g gemahlene Haselnüsse
300 g Mehl
½ Teelöffel Natron
1 Teelöffel Backpulver
150 g geschmolzene Zartbitterschokolade
2 Esslöffel Kakaopulver

Zudem:

200 g Vollmilchkuvertüre oder Kuchenglasur
Butter für die Kastenform

Den Backofen auf 170 °C Umluft (190 °C Ober- / Unterhitze) vorheizen.

Die Eier mit dem weißen und dem braunen Zucker schaumig rühren.

Das Öl mit den Zucchiniraspeln und dem Zimt mischen und zur Eiermasse hinzugeben.

Nun die gemahlenen Haselnüsse gleichmäßig unterrühren.

Das Mehl mit dem Natron und dem Backpulver mischen und hinzugeben.
Die Zutaten allesamt gut miteinander verrühren.

Nun noch die geschmolzene Zartbitterschokolade unter Rühren einfließen lassen und das Kakaopulver unterrühren, bis ein gleichmäßiger Teig entstanden ist.

Den Zucchiniteig in eine gebutterte Kastenform füllen und den Kuchen ca. 45 - 55 Minuten backen.

Sofern der Kuchen auf der Oberfläche während des Backens zu schnell zu dunkel wird, kann man ihn einfach mit etwas Alufolie im Ofen abdecken und weiterbacken. Dadurch wird verhindert, dass der Kuchen auf der Oberfläche bräunt, obwohl er weiter durchbackt.

Einen Stäbchentest machen, um zu prüfen, ob der Kuchen durchgebacken ist.

Sobald der Kuchen ausgekühlt ist, die Vollmilchkuvertüre oder -glasur klein hacken und in einem Wasserbad oder in der Mikrowelle bei sehr geringer Wattzahl schmelzen. Über den Kuchen geben und auskühlen lassen.

Milk Tarte

Diese Milk Tarte wird – Achtung Überraschung! – hauptsächlich aus Milch gemacht. Ich kenne sie aus Südafrika, wo sie auch ihren Ursprung hat. Dort ist sie mehr als nur beliebt und wird häufig als Nachtisch gegessen. Die Tarte schmeckt cremig lecker nach Milch und Zimt. Wenn man sie, wie hier, mit Blätterteig macht, hat man zudem keinen großen Aufwand damit.

Die Zutaten:

1 Rolle Blätterteig
3 Eier
200 g Zucker
1 Päckchen Vanillezucker
1 Prise Salz
25 g Mehl
25 g Speisestärke
800 ml Vollmilch
½ Teelöffel Zimt
40 g Butter

Zudem:
Zimt oder Zimtzucker zum Bestreuen

Den Backofen auf 180 °C Umluft (200 °C Ober- / Unterhitze) vorheizen.

Den Blätterteig in eine Tarteform legen. Die Ränder dabei schön auslegen und den über die Form überstehenden Teig abschneiden.

Die Eier mit dem Zucker, dem Vanillezucker und dem Salz schaumig schlagen.

Mehl und Speisestärke mischen und unter die Eiermasse rühren.

Die Milch mit dem Zimt in einem großen Topf aufkochen. Sobald sie kocht, den Topf vom Herd nehmen und die Milch unter Rühren langsam in die Eiermasse gießen.
Die Masse zurück in den Topf geben und eindicken lassen.
Aber Achtung, die Milch-Eier-Masse darf nicht kochen, sollte nur langsam unter Rühren etwas eindicken.

Sobald die Milch-Eier-Mischung eingedickt ist, wird die Butter untergerührt, bis diese geschmolzen ist.

Die Mischung nun auf den Blätterteig gießen und die Milk Tarte ca. 25 - 30 Minuten backen. Der Blätterteig sollte eine schöne goldgelbe Farbe angenommen haben.

Wer will, kann die Milk Tarte vor oder nach dem Backen noch mit Zimt oder Zimtzucker bestreuen.

Blaubeerkranz mit Curdfüllung

Hefeteigzöpfe kennt man ja zu Genüge. Allerdings muss ich sagen, dass ich sie immer wieder gerne esse und daher natürlich auch regelmäßig backe. Mit Hefeteig kann man nicht nur geschmacklich wahnsinnig gut experimentieren und variieren, sondern auch der äußeren Gestalt immer mal wieder eine neue Optik verpassen.
Wie bei diesem Blaubeerkranz. Hier habe ich den Blueberry Curd von Seite 24 verarbeitet. Wer lieber den Lemon oder Strawberry Curd haben möchte, der tauscht ihn einfach aus.

Die Zutaten:

Für den Hefeteig:
1 Würfel Hefe
125 ml lauwarme Milch
50 g Zucker
500 g Mehl
1 Päckchen Vanillezucker
1 Prise Salz
2 Eier
100 g zerlassene Butter

Für die Füllung:
200 g Blueberry Curd
(Rezept Seite 24)
80 g Zucker
1 Päckchen Vanillezucker

Für den Guss:
50 g Blaubeeren
100 g Frischkäse
60 g Puderzucker
30 ml Milch

Zunächst die Hefe in die lauwarme Milch bröckeln. Zucker hinzugeben, kurz umrühren und ca. 10 Minuten gehen lassen. Dann das Mehl, den Vanillezucker, das Salz, die Eier und die zerlassene Butter hinzufügen und alles zu einem glatten Teig kneten. Einige Minuten gut durchkneten und an einem warmen Ort 30 - 40 Minuten gehen lassen.

Den Backofen auf 160 °C Umluft (180 °C Ober- / Unterhitze) vorheizen.

Den Teig auf einer bemehlten Fläche zu einem Rechteck (ca. 50 cm x 40 cm) dünn ausrollen.

Für die Füllung den Blueberry Curd mit dem Zucker und dem Vanillezucker verrühren und gleichmäßig auf der Teigplatte verstreichen. Die Teigplatte nun zu einer langen Rolle aufrollen. Die Rolle als Kreis auf ein mit Backpapier ausgelegtes Backblech setzen. Die Teigrolle nun ringsherum in lauter ca. 3 cm dicke Scheiben schneiden. Jede dieser Scheiben nun nacheinander knapp 90 Grad drehen, damit sie allesamt schräg liegen und die Schnittfläche (und damit auch das Schneckenmuster) leicht nach oben zeigt.

Den Kranz nun ca. 25 Minuten backen, bis er eine goldbraune Farbe erhalten hat.

Für den Guss die Blaubeeren pürieren. Den Frischkäse mit dem Puderzucker und der Milch cremig rühren und mit den pürierten Blaubeeren vermengen. Den Guss über dem Blaubeerkranz verteilen.

Kokosmilch Tarte mit Erdbeerglasur

Eine Tarte, die Urlaubsstimmung in einem hervorruft. Zumindest bei mir. Das liegt aber wahrscheinlich daran, dass ich bei Kokosnuss grundsätzlich gleich an Urlaub, weißen Sandstrand und blaues Meer denken muss. Eine herrliche Vorstellung! In Kombination mit der Erdbeerglasur einfach nur zum Träumen.

Die Zutaten:

Für den Tarteboden:
70 g Zucker
140 g Butter
210 g Mehl
1 Prise Salz

Für die Kokosfüllung:
1 Limette
200 g Frischkäse
3 Eier
80 g Zucker
50 g Stärke
200 ml cremige Kokosmilch
1 Prise Salz

Für die Erbeerglasur:
2 Blatt Gelatine
250 g Erdbeerpüree (dafür einfach einige Erdbeeren pürieren und, wenn die Kernchen stören, durch ein Sieb passieren)
50 g Zucker

Für den Müsli Crunch:
3 Esslöffel Zucker
3 Esslöffel Kokosraspeln
3 Esslöffel Müsli

Den Backofen auf 160 °C Umluft (180 °C Ober- / Unterhitze) vorheizen.

Die Zutaten für den Tarteboden zu einem glatten Teig verkneten, auf leicht bemehlter Fläche ausrollen und eine Tarteform damit auslegen.

Für die Kokosfüllung die Limette auspressen und den Saft mit dem Frischkäse vermischen. Die Eier trennen und das Eigelb mit ca. 50 g vom Zucker zum Frischkäse geben und unterrühren. Die Stärke mit etwas von der Kokosmilch glatt rühren und zusammen mit der restlichen Kokosmilch und der Prise Salz hinzugeben. Alles gut verquirlen.

Das Eiweiß mit dem restlichen Zucker steif schlagen und unter die Kokosmilchmasse heben. Die Füllung nun auf den Tarteboden gießen und die Tarte für ca. 45 Minuten backen. Anschließend gut auskühlen lassen.

Für die Erdbeerglasur die Gelatine in kaltem Wasser einweichen. In einem Topf das Erdbeerpüree mit dem Zucker unter Rühren aufkochen. Die Gelatine ausdrücken und mit drei Esslöffeln vom heißen Püree vermischen, damit sie sich auflöst. Zum restlichen Püree in den Topf geben und alles nochmals gut verrühren. Das Erdbeerpüree darf dabei nicht mehr kochen!
Die Erdbeerglasur auf die ausgekühlte Tarte geben und gleichmäßig verstreichen. Nach dem Auskühlen wird die Glasur fest und verläuft nicht mehr.

Für den Müslicrunch den Zucker in eine Pfanne geben und karamellisieren lassen. Sobald der Zucker bräunlich wird, die Kokosraspeln und das Müsli hinzugeben und alles wenden, damit nichts anbrennt und gleichmäßig überzogen ist.
Auf ein Backpapier geben und den Crunch auskühlen lassen. Bei Bedarf etwas zerkleinern und auf die Tarte streuen.

Rhabarber Schmandkuchen

Ihr wollt einen Rhabarberkuchen, der oberlecker schmeckt, aber nicht viel Aufwand mit sich bringt?! Hab ich für euch! Meinen Rhabarber Schmandkuchen.
Ratz fatz gemacht, supercremig und verdammt köstlich. Auf den Blätterteigboden kommt eine unkompliziert zusammengerührte Schmandfüllung.
Einige frisch geschnittene Rhabarberstücke obendrauf verteilen, backen, fertig.

Die Zutaten:

2 Rollen Blätterteig
600 g Schmand
150 g Zucker
3 Eier
1 Päckchen Vanillepuddingpulver
300 ml Sahne
200 g geschälter Rhabarber
1 Esslöffel brauner Zucker

Den Backofen auf 180 °C Umluft (200 °C Ober- / Unterhitze) vorheizen.

Die zwei Rollen Blätterteig übereinander in einer runden Springform (Durchmesser ca. 26 - 28 cm) auslegen.

Sahne steif schlagen. Schmand, Zucker, Eier, Vanillepuddingpulver und Schlagsahne gut miteinander verrühren und auf den Blätterteig gießen.

Den geschälten Rhabarber in kleine Stücke schneiden und auf der Schmandfüllung verteilen. Den braunen Zucker darüber streuen und den Kuchen für ca. 40 - 45 Minuten backen.

Gut auskühlen und fest werden lassen, bevor man ihn anschneidet.

Sweet Potato Pull Apart Cake

Pull Apart, der Name ist hier Programm! Man kann den Kuchen nämlich einfach stückchenweise abziehen, das funktioniert mit Hefeteig ganz wunderbar. Die Süßkartoffeln machen den Kuchen übrigens schön saftig und sorgen dafür, dass er ein echtes Highlight wird!

Die Zutaten:

Für den Hefeteig:
100 g Süßkartoffelpüree (dafür benötigt ihr eine große Süßkartoffel)
550 g Mehl
80 g Zucker
1 Würfel Hefe
½ Teelöffel Salz
90 g flüssige Butter
50 ml lauwarme Milch
2 Eier

Für die Füllung:
100 g flüssige Butter
100 g brauner Zucker
½ Teelöffel Zimt

Für den Guss:
200 g Puderzucker
½ Teelöffel Zimt
2 - 3 Esslöffel Milch

Für das Süßkartoffelpüree die Süßkartoffel schälen und vierteln. Im Backofen bei 170 °C Umluft (190 °C Ober- / Unterhitze) ca. 30 Minuten weich garen und anschließend einfach mit einer Gabel zerdrücken oder mit einem Pürierstab durchpürieren. In einem sauberen Schraubglas oder in einem anderen luftdichten Gefäß kann sich das Püree im Kühlschrank mehrere Tage halten. Für den Pull Apart Cake benötigen wir nun 100 g davon.

Das Mehl mit dem Zucker, der zerbröckelten Hefe und dem Salz mischen. Die flüssige Butter mit der lauwarmen Milch verrühren und zur Mehlmischung geben. Alles zu einem Teig verkneten. Die beiden Eier nacheinander unterarbeiten. Zum Schluss noch das Süßkartoffelpüree einarbeiten. Den Hefeteig 2 - 3 Minuten gut durchkneten und sodann abgedeckt an einem warmen Ort ca. 1 Stunde gehen lassen.

Den Backofen auf 170 °C Umluft (190 °C Ober- / Unterhitze) vorheizen.

Den Teig nun nochmals gut durchkneten und auf einer bemehlten Fläche zu einem ca. 40 cm x 40 cm großen Quadrat ausrollen.

Für die Füllung die flüssige Butter mit dem braunen Zucker und dem Zimt mischen und gleichmäßig auf der Teigplatte verstreichen. Die Teigplatte in fünf gleichgroße Streifen teilen. Die Streifen nun in ca. 8 cm x 8 cm große Quadrate schneiden. Dafür die Streifen einfach quer durchschneiden. Alle Quadrate nun hochkant hintereinander in eine gebutterte Kastenform stellen.

Den Sweet Potato Pull Apart Cake nun für ca. 45 - 55 Minuten backen. Die Oberfläche sollte schön goldbraun werden. Falls der Kuchen während des Backens schon zu früh zu dunkel wird, diesen im Ofen einfach mit Alufolie abdecken, das verhindert zu starkes Bräunen.

Für den Guss Puderzucker, Zimt und Milch gut verrühren und auf dem etwas ausgekühlten Kuchen verteilen. Nun kann losgezupft werden.

Erdbeer Cheesecake mit Blaubeeren

Ihr wollt oberleckeren Kuchen essen, habt aber keine Lust, den Ofen anzuschmeißen?! Kein Problem! Mit diesem easy peasy No Bake Cheesecake könnt ihr auch ohne Backen zu müssen in den 7. Kuchenhimmel emporsteigen!

Die Zutaten:

Für den Keksboden:
150 g Butterkekse
40 g Zucker
80 g flüssige Butter

Für die Füllung:
500 g Erdbeeren
180 g Zucker
400 g Frischkäse
500 g Quark
2 Päckchen Vanillezucker
20 g Gelatine
(entspricht ca. 12 Blatt)
40 g Blaubeeren

Zudem:
Einige Blaubeeren
zum Dekorieren

Für den Boden die Butterkekse klein häckseln oder in einen Gefrierbeutel füllen und mit einem Nudelholz ganz fein walzen. Die Krümel mit dem Zucker und der flüssigen Butter mischen und das Ganze in eine Springform (Durchmesser ca. 24 - 26 cm) geben. Gleichmäßig verteilen und platt drücken.

Für die Füllung zunächst die gewaschenen Erdbeeren zusammen mit 100 g vom Zucker durchpürieren. Nun ca. 100 g vom fertigen Püree für das Topping am Ende zur Seite stellen. Den restlichen Zucker mit dem Frischkäse, dem Quark und dem Vanillezucker verrühren.

Die Gelatine in kaltem Wasser einweichen. 2 Esslöffel vom Erdbeerpüree mit der ausgedrückten Gelatine in einem Topf erwärmen und rühren, bis sich die Gelatine aufgelöst hat. Das Ganze darf nicht kochen! Vom Herd nehmen und zwei weitere Esslöffel vom Erdbeerpüree einrühren. Im Anschluss das gesamte Püree (außer den zur Seite gestellten 100 g für das Topping) dazugeben und mit der Frischkäse-Quark-Mischung verrühren. Die gut verrührte Erdbeer-Käse-Masse nun auf den Keksboden geben und glatt streichen.

Die Hälfte vom Erdbeerpüree für das Topping nun auf der Quarkmasse verteilen. Mit Hilfe eines Löffels in die Mitte des Kuchens eine Art Sonne „malen" und die Enden der Sonnenstrahlen mit einer Gabel zum äußeren Rand der Springform ziehen.

Zu der zweiten Hälfte des Erdbeerpürees für das Topping die Blaubeeren geben und alles nochmals durchpürieren. Mit dem nun entstandenen dunklen Püree ebenso verfahren wie zuvor und eine Sonne auf den Kuchen „malen". Die Enden verziehen.

Den Erdbeer Cheesecake nun im Kühlschrank mindestens 6 Stunden (am besten über Nacht) fest werden lassen. Vor dem Servieren noch mit einigen Blaubeeren verzieren.

Carrot Cake mit Zimtfrosting

Karottenkuchen ist ein ganz alter Klassiker. Ich habe ihn schon in allen zig erdenklichen Varianten gebacken. Und er schmeckt einfach immer wieder gut!
Die Karotten machen den Kuchenteig unglaublich saftig und sorgen für sein typisch süßliches Aroma. In Kombination mit diesem „zimtigen" Frischkäsefrosting ist es definitiv ein Kuchenhighlight.

Die Zutaten:

Für den Kuchenteig:
3 Eier
300 g Zucker
1 Päckchen Vanillezucker
1 Teelöffel Zimt
1 Päckchen Backpulver
250 ml neutrales Öl
100 g gemahlene Haselnüsse
300 g Mehl
200 g fein geraspelte Karotten

Für das Zimtfrosting:
300 g Frischkäse
100 g Puderzucker
1 Teelöffel Zimt
200 ml Sahne

Zudem:
Butter für die Springform
Zimt zum Bestreuen

Den Backofen auf 160 °C Umluft (180 °C Ober- / Unterhitze) vorheizen.

Alle Zutaten für den Teig außer den geraspelten Karotten verrühren und einen glatten Rührteig herstellen.

Danach die Karottenraspel unter den Teig rühren.

Eine Springform (ca. 26 - 28 cm Durchmesser) ausbuttern und den Rührteig einfüllen. Den Kuchen ca. 45 - 50 Minuten backen. Um zu testen, ob der Kuchen fertig gebacken ist, könnt ihr einen Stäbchentest machen. Dafür ein Stäbchen in die Mitte des Kuchens stecken und herausziehen. Sofern kein Teig mehr daran hängen bleibt, ist der Kuchen fertig gebacken. Anderenfalls benötigt er noch ein wenig mehr Backzeit.

Für das Frosting den Frischkäse mit dem Puderzucker und dem Zimt cremig rühren. Die Sahne steif schlagen und unterrühren. Das Zimtfrosting auf dem Kuchen verteilen und diesen noch mit etwas Zimt bestreuen.

Den Kuchen kühlstellen oder gleich servieren.

Mara's Cinnamon Rolls

Meine allererste Zimtschnecke mit Cream Cheese Frosting aß ich in Los Angeles. Es war ein Traum! Und diesen Traum kann man sich nach Hause holen. Mit den saftigsten und perfektesten Zimtrollen ever!

Die Zutaten:

Für den Hefeteig:
125 g Kartoffeln
60 g Butter
1 Ei
125 ml Milch
125 ml Buttermilch
35 g Puderzucker
1 Würfel Hefe
650 g Mehl
½ Teelöffel Salz

Für die Füllung:
60 g Butter
120 g Zuckerrübensirup
1 gehäufter Esslöffel Zimt
35 g Puderzucker

Für das Cream Cheese Frosting:
200 g Frischkäse
200 ml Sahne
250 g Puderzucker

Zudem:
Butter für die Springform
Zimt zum Bestreuen

Die geschälten Kartoffeln weich kochen, abseihen und noch heiß mit einem Kartoffelstampfer oder einer Kartoffelpresse ganz klein drücken. Sofort die Butter dazugeben, damit diese schmilzt. Das Ei hinzu schlagen und die Kartoffelmasse gut durchmischen.

Die Milch mit der Buttermilch und dem Puderzucker verrühren und in einem Topf lauwarm erwärmen. Vom Herd nehmen. Die Hefe in die lauwarme Flüssigkeit bröckeln und 10 Minuten stehen lassen.

Das Mehl mit dem Salz mischen und zu den Kartoffeln geben. Die Hefe-Milch-Mischung hinzugießen und alles zu einem glatten Hefeteig verarbeiten. Der Teig sollte nicht mehr kleben, anderenfalls noch ein klitzeklein wenig Mehl unterarbeiten. Einige Minuten gut durchkneten und abgedeckt an einem warmen Ort ca. 1 Stunde gehen lassen. Der Teig sollte sich nach dem Gehen gut verdoppelt haben. Anschließend nochmals kurz kneten und auf einer bemehlten Fläche ca. 0,5 cm dick zu einem Rechteck ausrollen.

Für die Füllung die Butter, den Zuckerrübensirup, den Zimt und den Puderzucker in einem Topf mischen und leicht erwärmen, damit sich die Butter verflüssigt und mit den anderen Komponenten gut verrühren lässt. Die Füllung nun mit einem Pinsel auf die Teigplatte verstreichen. Die Teigplatte zu einer großen Rolle aufrollen und diese in 3 - 4 cm dicke Scheiben schneiden.

Die Scheiben nebeneinander, mit der Schnittfläche nach oben, in eine gebutterte oder mit Backpapier ausgelegte Springform setzen und nochmals ca. 30 Minuten gehen lassen.

Den Backofen derweil auf 170 °C Umluft (190 °C Ober- / Unterhitze) vorheizen.

Die Cinnamon Rolls ca. 20 - 25 Minuten backen. Die Oberfläche bekommt dabei eine schöne goldgelbe Färbung.

Für das Frosting den Frischkäse mit der Sahne und dem Puderzucker cremig rühren und auf die noch warmen Schnecken aufbringen und mit Zimt bestreuen.

Erdbeer Buttermilch Kuchen

Buttermilch und Erdbeeren sind eine tolle und vor allem sehr sommerliche Kombination. Allein deshalb finde ich diesen Kuchen schon fantastisch! Was mir aber besonders gut daran gefällt, ist die Konsistenz. „Speckig" wie man bei uns dazu sagt. Damit meint man Kuchen, die sehr reichhaltig sind und scheinen, als wären sie nicht ganz durchgebacken, weil sie innen drin noch total saftig und „fudgig" sind. So ist dieser Erdbeer Buttermilch Kuchen. Lecker! Zumindest für all diejenigen, die „speckige" Backwaren mögen!

Die Zutaten:

Für den Teig:
3 Eier
80 ml neutrales Öl
250 ml Buttermilch
140 g Zucker
1 Päckchen Vanillezucker
100 g Erdbeerpüree (dafür einfach einige gewaschene Erdbeeren pürieren)
400 g Mehl
1 Päckchen Backpulver
1 gestrichener Teelöffel Natron
100 g Erdbeeren

Für den Guss:
200 g Puderzucker
2 Esslöffel Milch
2 Esslöffel Strawberrycurd (Rezept auf Seite 21)

Zudem:
Butter für die Springform
Erdbeeren zum Garnieren

Den Backofen auf 160 °C Umluft (180 °C Ober- / Unterhitze) vorheizen.

Die Eier mit dem Öl, der Buttermilch, dem Zucker und dem Vanillezucker gut verrühren.

Das Erdbeerpüree hinzugeben und vermengen.

Das Mehl mit dem Backpulver und dem Natron mischen und ebenfalls unterrühren. Es soll ein glatter Rührteig entstehen.

Nun die gewaschenen Erdbeeren in kleine Stücke schneiden und unter den Kuchenteig heben. Den Teig in eine ausgebutterte kleine Springform (ca. 20 cm Durchmesser) füllen und den Erdbeerkuchen ca. 1 Stunde lang backen. Gut auskühlen lassen.

Die Zutaten für den Guss gut verquirlen und über den Kuchen gießen. Nun noch mit Erdbeeren garnieren und servieren.

Rahmkuchen

Mit einem klassischen Rahmkuchen wie diesem bin ich sozusagen groß geworden. Auf jedem Geburtstag, auf jeder noch so kleinen Feier hier im Dorf gab es Rahmkuchen. Er war immer ähnlich gemacht und schmeckte immer ähnlich lecker. Schon als Kind liebte ich diesen Kuchen. Und das hat sich bis heute auch nicht geändert. Ein allseits beliebter Klassiker.

Die Zutaten:

Für den Mürbeteig:
130 g Butter
60 g Zucker
1 Ei
250 g Mehl
1 Päckchen Backpulver

Für die Rahmschicht:
100 g Zucker
2 Eier
400 ml saure Sahne
400 ml Sahne
½ Päckchen Vanillepuddingpulver (entspricht ca. 20 g)

Zudem:
1 - 2 Esslöffel braunen Zucker zum Bestreuen der Oberfläche

Die Zutaten für den Teig mischen und zu einem glatten Mürbeteig verkneten. Diesen ca. 30 Minuten im Kühlschrank ruhen lassen.

Den Ofen auf 170 °C Umluft (190 °C Ober- / Unterhitze) vorheizen.

Den Teig nun auf einer bemehlten Fläche ausrollen und in eine runde Springform (Durchmesser ca. 26 - 28 cm) legen. Gleichmäßig festdrücken und den Teig mit den Fingern außen herum etwas hochziehen, damit ein kleiner Rand entsteht.

Mit einem Rührgerät die Zutaten für die Rahmschicht verquirlen. Die Masse ist sehr flüssig, keine Sorge, das ist richtig so. Die Flüssigkeit nun auf den Teig gießen.

Die Oberfläche mit 1 - 2 Esslöffeln braunem Zucker bestreuen und den Kuchen in den Ofen schieben. Ca. 1 Stunde lang backen.

Den Rahmkuchen nach dem Backen gut auskühlen lassen, bevor ihr ihn anschneidet!

Giant Carrot Cake Roll

Diese Giant Carrot Cake Roll ist schlichtweg ein Kracher! Sie besteht aus einem unglaublich saftig-fluffigen Hefeteig und ist überzogen mit leckerstem Apfelkaramell. Das darf bei dieser Rolle auch definitiv NICHT fehlen!

Die Zutaten:

Für den Hefeteig:
150 g Karotten
1 Würfel Hefe
60 ml lauwarmes Wasser
570 g Mehl
80 g Zucker
60 g weiche Butter
60 ml lauwarme Milch

Für die Füllung:
80 g brauner Zucker
80 g weißer Zucker
½ Teelöffel Zimt
60 g flüssige Butter

Zudem:
Butter für die Springform
3 Esslöffel brauner Zucker
1 Portion Apfelkaramell
(Rezept Seite 14)
Puderzucker zum Bestreuen

Die Karotten sehr fein reiben.

Die Hefe zerbröckeln und in das lauwarme Wasser geben. Ca. 10 Minuten gehen lassen.

Das Mehl mit dem Zucker mischen, die weiche Butter, die lauwarme Milch sowie das Hefewasser hinzugeben und alles zu einem glatten Teig verkneten. Der Teig sollte nicht mehr kleben. Sollte er dies wider Erwarten dennoch tun, noch ein klitzeklein wenig Mehl unterkneten. Den Hefeteig einige Minuten gut durcharbeiten und abgedeckt an einem warmen Ort ca. 1 Stunde gehen lassen. Den Teig anschließend nochmals kurz kneten und sodann zu einem ungefähr 50 cm mal 30 cm großem Rechteck ausrollen.

Für die Füllung den braunen und weißen Zucker vermischen. Den Zimt und die flüssige Butter hinzugeben. Alles verrühren und auf der Teigplatte verteilen. Mit einem Pinsel gleichmäßig verstreichen.

Aus der Teigplatte lauter lange Streifen schneiden, die ca. 3 cm breit sein sollten.
Diese Streifen nun in einer runden gebutterten Springform (Durchmesser ca. 26 - 28 cm) nacheinander als riesige Rolle anordnen. Am besten funktioniert das, wenn man den ersten Streifen zu einer Schnecke einrollt und in die Mitte der Springform legt.
Den nächsten Streifen wickelt man jetzt einfach um diese erste kleine Rolle drum herum. Die Füllung soll dabei immer ins Innere der Rolle „gucken". Man beginnt mit dem nächsten Streifen immer dort, wo der letzte Streifen aufgehört hat. Die Streifen rollen, bis sie aufgebraucht sind. So entsteht nach und nach eine einzige riesige Rolle.

Die Giant Carrot Cake Roll nun nochmals ca. 15 Minuten gehen lassen und den Backofen auf 160 °C Umluft (180 °C Ober- / Unterhitze) vorheizen.

Die Rolle mit den 3 Esslöffeln braunem Zucker bestreuen und für ca. 25 Minuten backen. Die Giant Roll sollte eine leicht gebräunte Oberfläche bekommen.
Die Rolle nun großzügig mit dem Apfelkaramell übergießen und mit Puderzucker bestreuen.

Mascarpone Toffee Cheesecake

Cremig, cremiger, Mascarpone Cheesecake. Dieser leckere Kuchen aus einem dunklen Schokokeksboden, einer sahnigen Creme aus Mascarpone und einer köstlichen Karamellschicht obendrauf lässt einen in höhere Geschmackssphären abschweifen. Vorausgesetzt natürlich man mag Mascarpone und Karamell. Ist das nicht der Fall, dann sollte man vielleicht lieber einen Rührkuchen backen. Oder Kekse. Die gehen bekanntlich ja immer. Allen Liebhabern von cremigen Cheesecakes empfehle ich allerdings ganz dringend: Mascarpone Toffee Cheesecake machen! JETZT!!!

Die Zutaten:

Für den Schokokeksboden:
250 g Schokokekse (oder Nuss-Schoko-Kekse)
100 g geschmolzene Butter

Für die Mascarponecreme:
750 g Mascarpone
150 g Zucker
250 ml Karamellsauce (gekauft oder selbst gemacht, Rezept dazu gibt's auf Seite 19)
200 g Crème fraîche
8 Blatt Gelatine
300 ml Schlagsahne

Für die Karamellschicht:
250 ml Karamellsauce (gekauft oder selbst gemacht, Rezept dazu gibt's auf Seite 19)

Die Schokokekse klein häckseln oder in einem Gefrierbeutel mit dem Nudelholz zerbröseln. Mit der geschmolzenen Butter vermengen, in eine Springform (Durchmesser ca. 26 - 28 cm) geben, gleichmäßig verteilen und platt drücken.

Für die Füllung den Mascarpone mit dem Zucker verrühren. Die Karamellsauce einrühren, ebenfalls die Crème fraîche.

Die Gelatine in kaltem Wasser einweichen und anschließend nur leicht ausdrücken. In einem Topf leicht erwärmen, bis sie sich verflüssigt. Dabei aber nicht aufkochen lassen! Nun zwei Esslöffel der Mascarponecreme zur Gelatine rühren. Im Anschluss mit der übrigen Mascarponemasse vermengen und gut verrühren.

Die Schlagsahne steif schlagen und unterheben. Die Mascarponecreme nun auf den Keksboden geben und die Oberfläche schön glatt streichen. Die Springform einige Mal auf die Arbeitsfläche „klopfen", damit sich die recht feste Masse gleichmäßig darin setzt und verteilt.

Den Kuchen nun einige Stunden, am besten über Nacht, in den Kühlschrank stellen, damit er fest werden kann.

Der Cheesecake bekommt beim Festwerden gerne Risse, das macht aber gar nichts, da anschließend ja die Karamellsauce darüber gegossen wird und diese dann wunderbar in die Rillen hineinlaufen und sich mit der Mascarponecreme verbinden kann.

Vor dem Servieren den Mascarpone Cheesecake mit der Karamellsauce übergießen.

Monkey Bars

Affenschnitten?! Yepp, die heißen so. Weils bei diesen Kuchenteilchen „bananig“ zugeht. Die Monkey Bars haben Bananen nämlich nicht nur in der Schokocreme versteckt, sondern auch im Kuchenteig. Der Teig hat zudem – wie auch die Creme – eine Ladung Schokolade abgekommen, sowie ein klein wenig Ananas, damit er noch saftiger und leckerer wird. Affig gut kann ich euch sagen.

Die Zutaten:

Für den Bananenkuchen:
350 g Bananen
200 g Ananas (frisch oder aus der Dose)
120 g weiche Butter
100 g brauner Zucker
2 Eier
250 g Mehl
1 Teelöffel Natron
1 Prise Salz
100 g Zartbitterschokolade

Für die Creme:
500 g weiche Butter
240 g Puderzucker
2 Eigelbe
200 g Zartbitterkuvertüre

Zudem:
ein kleines gebuttertes Backblech oder alternativ eine gebutterte, eckige Springform
4 Bananen zum Belegen
100 g Zartbitterkuvertüre zum Verzieren der Oberfläche

Den Backofen auf 170 °C Umluft (190 °C Ober- / Unterhitze) vorheizen.

Die Bananen mit der Ananas pürieren.

Die Butter mit dem Zucker schaumig rühren. Die Eier nacheinander dazugeben. Mehl, Natron und Salz hinzugeben und zu einem gleichmäßigen Rührteig verrühren. Die Zartbitterschokolade in kleine Stückchen hacken und unter den Teig mischen.

Den Rührteig auf ein gebuttertes Backblech (oder in eine gebutterte Springform) gießen, gleichmäßig verteilen und glatt streichen. Den Kuchenboden ca. 30 Minuten backen und anschließend auskühlen lassen.

Für die Creme die Butter einige Minuten schaumig schlagen und den Puderzucker nach und nach einrieseln lassen. Die Eigelbe nacheinander unterrühren.

Die Kuvertüre klein hacken und in einem Wasserbad oder in einer Mikrowelle bei niedriger Wattzahl schmelzen und im Anschluss unter Rühren in die Buttermasse einfließen lassen. Die Creme schön aufschlagen und knapp die Hälfte davon nun dünn auf dem Kuchen verteilen.

Die 4 Bananen in Scheiben schneiden und auf der Creme verteilen. Die zweite Hälfte der Creme nun über die Bananen geben und die Oberfläche schön glatt streichen.

Die Zartbitterkuvertüre zum Verzieren klein hacken und in einem Wasserbad schmelzen. Dann mit einem Löffel kreuz und quer über dem Kuchen verteilen. Wer will, kann die Schokolade nun mit einem Löffelstiel oder Ähnlichem noch etwas mit der Creme verziehen und Muster kreieren.

Spiced Sweet Potato Cake

Sweet Potatoes, zu deutsch Süßkartoffeln, kannte ich bis vor einigen Jahren lediglich in salzigen Gerichten. Ich hatte sie immer gerne in Kombination mit Karotten zu Brei verarbeitet. Dass sie aber auch beim Backen ganz hervorragende Geschmackserlebnisse hervorbringen können, entdeckte ich erst später. So können diese Wurzelgewächse tatsächlich, ähnlich wie Kürbis, ganz herrlich in Kuchenteig verarbeitet werden. Sie verleihen diesem nicht nur einen besonderen Geschmack, sondern sorgen zudem auch dafür, dass der Kuchen unglaublich saftig wird.

Die Zutaten:

Für den Teig:
250 g Süßkartoffelpüree (eine große Süßkartoffel)
500 g Mehl
50 ml Milch
3 Eier
200 ml Rapsöl
1 Teelöffel Zimt
½ Teelöffel Ingwer
eine Prise Muskat
1 Päckchen Backpulver
1 Teelöffel Natron
2 gute Prisen Salz
2 Päckchen Vanillezucker
120 g weißer Zucker
120 g brauner Zucker
100 ml Sahne
2 Esslöffel flüssige Butter

Für den Guss:
250 g Frischkäse
1 Teelöffel Zimt
50 g Puderzucker
1-2 Esslöffel Sahne

Zudem:
Fett für die Kastenform

Für das Süßkartoffelpüree die Süßkartoffel schälen und vierteln. Im Backofen bei 170 °C Umluft (190 °C Ober- / Unterhitze) ca. 30 Minuten weich garen. Das Fleisch der Süßkartoffel einfach mit einer Gabel zerdrücken oder mit einem Pürierstab durchpürieren. In sauberen Schraubgläsern oder anderen luftdichten Gefäßen kann sich das Püree im Kühlschrank mehrere Tage halten. Von diesem Püree brauchen wir für den Kuchen nun 250 g.

Den Backofen auf 160 °C Umluft (180 °C Ober- / Unterhitze) vorheizen.

Aus allen Teigzutaten, außer dem Süßkartoffelpüree, einen Rührteig herstellen. Diesen gut verrühren. Erst zum Schluss das fein pürierte Süßkartoffelpüree hinzugeben und den Teig nochmals gleichmäßig durchrühren.

Den Rührteig in eine ausgefettete Kastenform gießen und ca. 50 Minuten backen. Achtung, je nach Größe der Kastenform kann die Backzeit hier etwas variieren. Zur Sicherheit einfach einen Stäbchentest machen. Bleibt am Stäbchen, welches man in der Mitte des Kuchens hineinsticht, kein Teig mehr hängen, ist der Kuchen durchgebacken. Anderenfalls den Spiced Sweet Potato Cake noch einige Minuten weiterbacken. Danach gut auskühlen lassen.

Alle Zutaten für den Guss glatt rühren und auf dem Kuchen verteilen.

Mandel-Aprikosentarte

mit Ziegenfrischkäse

Bevor jetzt einer von euch denkt: „Ziegenkäse?! Im Kuchen?! Ja spinnt die denn?!?!!“ Lasst es mich erklären!!! Beziehungsweise lasst euch einfach sagen: JA, Ziegenfrischkäse im Kuchen. Das schmeckt. Und zwar richtig gut! In Kombination mit den Mandeln und den frischen Aprikosen ist das eine herrlich sommerliche Variante.
Und einen kleinen Insider-Tipp hab ich auch noch für euch: Mit frischen Feigen anstatt Aprikosen schmeckt das ebenfalls ganz hervorragend ... ;-)

Die Zutaten:

110 g weiche Butter
130 g Zucker
1 Päckchen Vanillezucker
3 Eier
abgeriebene Schale von ½ Zitrone
160 g gemahlene Mandeln
90 g Mehl
50 ml Rapsöl
200 g Ziegenfrischkäse
8 frische Aprikosen (oder alternativ frische Feigen)
2 Esslöffel brauner Zucker
2 Esslöffel Mandelblättchen

Für den Guss:
100 g Puderzucker
1 - 2 Esslöffel Milch
einige Tropfen Bittermandelaroma

Zudem:
Butter für die Springform

Den Backofen auf 160 °C Umluft (180 °C Ober- / Unterhitze) vorheizen.

Die Butter mit dem Zucker und dem Vanillezucker schaumig rühren.
Die Eier nacheinander dazugeben und die Zitronenschale untermengen.

Die Mandeln mit dem Mehl mischen und zusammen mit dem Öl unter die Eier-Butter-Masse rühren. Zum Schluss den Ziegenfrischkäse gleichmäßig einrühren.

Eine Springform (Durchmesser ca. 26 - 28 cm) ausbuttern und den Teig einfüllen.
Die Aprikosen waschen, halbieren, entkernen und auf dem Teig verteilen. Den braunen Zucker sowie die Mandelblättchen darüber streuen und die Tarte ca. 40 - 50 Minuten backen.

Für den Guss den Puderzucker mit der Milch und dem Bittermandelaroma verquirlen und über der Mandel-Tarte verteilen.

Lemon Bundt Cake

Zitronenkuchen war früher ja so gar nicht meins. Der war mir meistens immer zu trocken. Und vor allem auch viel zu langweilig. Völlig unspektakulär. Diese Zeiten sind allerdings vorbei. Irgendwann musste ich nämlich feststellen, dass mir zuvor einfach noch kein richtig guter Zitronenkuchen untergekommen war! Ist ein solcher nämlich ganz frisch und richtig saftig, kann er jeden aufwendig zubereiteten Kuchen umgehend in den Schatten stellen. Zu einer Tasse Kaffee schmeckt das himmlisch …

Die Zutaten:

Für den Teig:
60 ml Rapsöl
180 g Zucker
5 Eier
140 g griechischer Joghurt (ca. 10 % Fett)
Saft und Schale von 2 Bio Zitronen
½ Teelöffel Backpulver
1 Prise Salz
300 g Mehl

Für den Guss:
200 g Puderzucker
2 - 3 Esslöffel Zitronensaft

Zudem:
Butter für die Form

Dieser Kuchen ist so einfach zu machen, dass ich überhaupt nicht viele Worte verlieren muss.

Den Backofen auf 160 °C Umluft (180 °C Ober- / Unterhitze) vorheizen.

Alle Teigzutaten zusammenrühren. Den Teig in eine gebutterte Backform füllen. Ich habe hier eine Gugelhupfform benutzt, ihr könnt aber auch andere geeignete Backformen nehmen. Bitte dabei nur beachten, dass je nach Backform auch die Backzeit etwas variieren kann.

Den Kuchen nun ca. 35 - 45 Minuten backen. Je nach Backform kann die Backzeit wie gesagt etwas variieren. Einfach einen Stäbchentest machen, um zu schauen, ob der Kuchen schon durchgebacken ist. Dafür ein Stäbchen in die Mitte des Kuchens stechen und herausziehen. Bleibt noch Teig am Stäbchen hängen, benötigt er noch etwas Backzeit. Bleibt nichts mehr daran kleben, ist er fertig gebacken.

Den Lemon Bundt Cake abkühlen lassen.

Für den Guss den Puderzucker mit dem Zitronensaft cremig rühren und über den Kuchen geben.

Käsekuchen ohne Boden

Käsekuchen ist bei uns zuhause ja ein ganz spezielles Thema. Während Papa auf die klassische Variante wie früher bei Oma steht, mein Bruder einen sehr dünnen und richtig festen Käsekuchen bevorzugt und ich auf die cremige Variante à la New York Style abfahre, ist meine Mom die Einzige, die total unkompliziert ist und jede Art von gutem Käsekuchen mag. Einzig und allein bei diesem Käsekuchen hier sind wir uns einig: Der geht nicht nur schnell, sondern schmeckt auch klasse!

Die Zutaten:

1 kg Quark
6 Eier
250 g zerlassene Butter
250 g Zucker
1 Päckchen Vanillezucker
100 g Mehl
½ Päckchen Backpulver

Zudem:
Butter für die Springform

Den Backofen auf 160 °C Umluft (180 °C Ober- / Unterhitze) vorheizen.

Den Quark mit den Eiern verquirlen.

Die zerlassene Butter zusammen mit dem Zucker und dem Vanillezucker unterrühren.

Das Mehl mit dem Backpulver mischen und unter Rühren in den Quark sieben. Alles gleichmäßig verquirlen.

Die Quarkmasse in eine gebutterte Springform (Durchmesser ca. 26 - 28 cm) füllen, glatt streichen und ca. 1 Stunde lang backen.

Den Käsekuchen anschließend im Backofen auskühlen lassen, da er ansonsten gerne mal in sich zusammenfällt.

Der Kuchen sollte komplett ausgekühlt sein, bevor er angeschnitten wird.

Rhabarberkuchen *wie bei Oma*

Wenn ich mich an meine Großeltern in Neudorf erinnere, denke ich an unglaublich viele schöne Dinge. Unter anderem an die unzähligen wunderbaren Tage, die wir dort verbrachten, im schönen Haus und im wunderbaren Garten. Zudem kommt die Erinnerung an all die köstlichen Kuchen, die Oma immer kredenzte. Allen voran ihr unübertroffener Rhabarberkuchen. Den gab es zur Rhabarberzeit jedes Jahr, so oft es ging!! Meine Güte, haben wir diesen Kuchen geliebt!!

Die Zutaten:

1,5 kg Rhabarber
5 Esslöffel Zucker

Für den Teig:
250 g weiche Butter
100 g Zucker
1 Päckchen Vanillezucker
1 Prise Salz
1 großes Ei
250 g Mehl
2 Teelöffel Backpulver

Für das Baiser:
3 kalte Eiweiß
1 Prise Salz
100 g Zucker

Zudem:
Butter für die Springform

Den Rhabarber schälen und in sehr kleine Stücke schneiden. Mit 5 Esslöffeln Zucker gut zuckern. Ca. 1 Stunde ziehen lassen.

Den Backofen auf 180 °C Umluft (200 °C Ober- / Unterhitze) vorheizen.

Die Butter mit dem Zucker schaumig rühren. Vanillezucker, Salz und Ei unterrühren. Das Mehl mit dem Backpulver mischen, hinzugeben und einen glatten Rührteig herstellen.

Den Rhabarber in einem Sieb gut abtropfen lassen.

Den Teig in eine gebutterte Springform (Durchmesser ca. 26 - 28 cm) füllen und die Rhabarberstücke darauf verteilen.

Den Kuchen ca. 35 - 40 Minuten backen und dann kurz herausnehmen, um das Baiser aufzutragen. Dieses bereitet man aber zuerst vor, bevor man den Kuchen aus dem Ofen holt!

Für das Baiser die Eiweiße mit der Prise Salz steif schlagen, den Zucker nach und nach während des Schlagens einrieseln lassen. Den festen Eischnee nun auf den Kuchen streichen und den Kuchen im Ofen nochmals ca. 8 - 10 Minuten backen, solange bis der Eischnee ganz leicht gebräunt ist. Aufpassen, damit er beim Backen nicht zu dunkel wird, das geht nämlich ganz schnell!!

Den Rhabarberkuchen komplett auskühlen lassen. Nach einiger Zeit bilden sich die goldenen Tröpfchen auf der Oberfläche.

Sweets are always an answer!

Süße Teilchen für zwischendurch ...

Gelüste. Wer kennt sie nicht. Man hat plötzlich riesige Lust auf eine klitzekleine Kleinigkeit. Was Süßes, aber nicht allzu Schweres. Man will sich ja nicht vollfressen.

Kleine süße Häppchen, die den „Zuckerhunger" zwischendurch stillen, müssen bei mir immer in greifbarer Nähe sein. Ob im Geschäft oder Zuhause, leckere Snacks finden sich überall. Ist das aus unerfindlichen Gründen mal nicht der Fall, kann ich ganz schön bockig werden. Wenn man „Hunger" hat und nichts Essbares in die Finger bekommt, geht die Laune nämlich ganz schnell in den Keller.

Es gibt aber auch Tage, an denen man zwar jede Menge Lebensmittel parat hat, trotzdem aber einfach rein gar nichts dabei ist, was die persönlichen Gelüste in diesem Moment befriedigen könnte. Solche Tage gibt's auch bei mir hin und wieder. Vor allem am Wochenende. Ich bin daheim, bekomme Lust auf eine leckere Knabberei – von wirklichem Hunger kann dabei ja nicht die Rede sein … – und finde nichts Passendes. Auch beim zehnten Gang zum Kühlschrank öffnet man die Tür, sieht Unmengen Essbares vor sich und erspäht dennoch nichts Geeignetes zum Futtern.
Völlige Unzufriedenheit macht sich breit. Man schließt die Tür, läuft wieder weg. Irgendwann geht man doch wieder hin, öffnet erneut die Kühlschranktür, schaut mindestens eine Minute lang mit Tunnelblick hinein, findet nach wie vor nichts, macht die Tür wieder zu und läuft weg. Man wiederholt diesen Vorgang noch einige weitere Male in der Hoffnung, irgendwann womöglich doch noch was Tolles darin zu entdecken. Als könnte sich der Kühlschrankinhalt beim nächsten Türöffnen verändert haben … Aber gut, die Hoffnung, doch noch fündig zu werden, stirbt offensichtlich zuletzt.

Das ist ja ein wenig mit den eigenen Klamotten. Man steht vor einem vollen Schrank, reich an Textilien aller Art für jede Jahreszeit und mögliche Eventualität, findet aber in dem Moment, in dem man was braucht, schlichtweg nichts zum Anziehen. Nichts. In diesem ganzen, tatsächlich gut bestückten Kleiderschrank findet sich NICHTS. Nada. Niente.

Wie im Kühlschrank. Trotz diverser Lebensmittel, die man womöglich auch im Handumdrehen zu etwas Leckerem zubereiten könnte, ist kein einziges zu finden, was einem in den Kram passt und man essen will.
Meine Stimmung schlägt daher ab und zu gaaaanz schnell um. Denn hungrig (oder sagen wir eher Zucker-gelüstig) bin ich nicht nur unleidlich und unausstehlich, sondern kann mir damit auch selbst den ganzen lieben langen Tag versauen mit meiner schlechten Laune.

Was hilft da also?! Vorbeugen! Vorbeugen und sicherstellen, dass immer genügend Leckeres im Haus ist, das für eine süße Knabberei zwischendurch geeignet ist. Prävention ist alles. Sprich, man sorgt am besten rechtzeitig dafür, dass diese missliche Lage nicht eintreten kann, und stellt in der heimischen Küche ganz viele fantastische süße Köstlichkeiten für zwischendurch her. Kleine süße Teilchen, oder wie ich sie nenne „Sweet Bites“.

Damit auch ihr künftig genügend Sweet Bites Zuhause habt, habe ich im nächsten Kapitel ganz viele Rezepte für euch zusammengestellt, mit denen man lauter kleine Leckereien herstellen und backen kann. Von knusprigen Keksen über schokoladige Pralinenbällchen bis hin zu kleinen saftigen Küchlein, es ist sicherlich für jede Art von süßen Gelüsten was dabei. Einiges davon kann ganz wunderbar mehrere Tage gelagert werden, anderes davon isst man am besten ganz frisch. Die meisten Rezepte sind im Handumdrehen umgesetzt und viele der Zutaten hat man häufig auch schon in der heimischen Küche bereitstehen.

Insofern, blättert durch, sucht eure Lieblings-Sweet-Bites raus und fangt an den Rührbesen zu schwingen.

Zimtwürfel

Ich erinnere mich gerne an meine Studien - und Referendariatszeit. Zum einen war es, außer in den Examensvorbereitungen, eine sehr entspannte Zeit, zum anderen hat man in dieser Lebensphase einfach unglaublich viele Menschen kennengelernt.
Warum erzähle ich das?! Weil ich durch eine Jura-Kommilitonin auf den Geschmack für Zimtkuchen gekommen bin. Eines Tages hatte sie welchen dabei, gab mir ein Stück davon ab und . . . ICH war verzaubert! Meine Güte war das lecker!
Und genauso lecker, wie dieser Zimtkuchen hier ist, so einfach ist er auch zu backen!

Die Zutaten:

120 g weiche Butter
250 g Zucker
2 Eier
1 Päckchen Backpulver
250 g Mehl
1 Esslöffel Zimt
250 ml Milch

Zudem:
Butter für die Backform

Den Backofen auf 160 °C Umluft (180 °C Ober- / Unterhitze) vorheizen.

Die weiche Butter mit dem Zucker schaumig schlagen.

Die Eier nacheinander dazurühren.

Das Backpulver mit dem Mehl und dem Zimt mischen und zusammen mit der Milch zur Eiermasse hinzugeben.

Alles zu einem cremigen Teig verrühren.

Eine eckige Kuchenform (alternativ geht natürlich auch eine runde!) ausbuttern und den Teig einfüllen.

Den Zimtkuchen ca. 45 Minuten backen und auskühlen lassen.

Anschließend den Zimtkuchen in kleine Würfel schneiden und mit der Hot Chocolate Sauce (Rezept Seite 13) servieren.

Coconut Caramel Cookies

Feinste kreisförmige Butterkekse, die mit einer Karamellschicht mit gerösteten Kokosraspeln überzogen und mit Schokolade verziert wurden. Hört sich nicht nur lecker an, sondern schmeckt auch so!

Die Zutaten:

Für die Butterkekse:
180 g Butter
1 Päckchen Vanillezucker
90 g Zucker
2 Eigelbe
250 g Mehl

Für die Karamell-Kokos-Masse:
130 g Kokosraspeln
300 g weiche Karamellbonbons / -Toffees
3 Esslöffel Milch
1 Prise Salz

Zudem:
100 g Zartbitterkuvertüre

Zunächst die Butter mit dem Vanillezucker und dem Zucker schaumig rühren.
Die Eigelbe nacheinander unterrühren. Das Mehl unterkneten und einen Mürbeteig herstellen. Der Teig ist sehr weich, sollte aber nicht mehr allzu sehr kleben.
Ist das dennoch der Fall, so könnt ihr noch ein klitzeklein wenig mehr Mehl unterkneten. Den Teig in Frischhaltefolie einwickeln und ca. 30 Minuten kühlstellen.

Den Backofen auf 160 °C Umluft (180 °C Ober- / Unterhitze) vorheizen.

Den Mürbeteig auf einer bemehlten Fläche ausrollen und Kreise von ca. 6 cm Durchmesser ausstechen. In jedem Kreis nun nochmals in der Mitte einen kleinen Kreis ausstechen, damit man Teigringe erhält. Weiter so verfahren, bis der ganze Teig aufgebraucht ist. Die Teigringe auf ein mit Backpapier ausgelegtes Backblech setzen und für ca. 12 - 14 Minuten backen. Danach gut auskühlen lassen, damit die Kekse fest werden.

Für das Topping die Kokosraspeln ca. 10 Minuten im Backofen oder alternativ in einer Pfanne leicht anrösten. Zwischendurch wenden, damit nichts anbrennt.
Die Karamelltoffees klein schneiden und zusammen mit der Milch und der Prise Salz in einem Topf langsam unter Rühren schmelzen. Ca. ¾ der flüssigen Karamellmasse nun mit den Kokosraspeln vermengen. Das geht etwas mühsam, aber der Karamell muss zum Schluss gleichmäßig mit den Kokosraspeln vermischt sein. Den übrigen Karamell auf die Keksringe streichen, damit die Kokosmasse gut hält.

Nun mit einem Esslöffel jeweils eine gute Portion von der Karamell-Kokosmasse abstechen und mit den Händen auf den einzelnen Ringen verteilen.
Die Masse etwas andrücken und fest werden lassen. Wird euch während dem Belegen der Kekse die Karamell-Kokosmasse zu fest, weil sie auskühlt, so könnt ihr diese einfach nochmals kurz im Topf oder in einer Mikrowelle auf niedriger Temperatur erwärmen. Danach ist sie wieder weich und kann weiter verarbeitet werden.

Zum Schluss noch die Zartbitterkuvertüre klein hacken, über einem Wasserbad schmelzen und über den Keksen verteilen.

Kirschküchlein mit Stracciatella Mascarpone

Es gibt einige verschiedene Kuchensorten, die mich von jetzt auf gleich in meine Kindheit zurückversetzen. So wie dieser Kirschkuchen, den es früher auf vielen Geburtstagen und anderen Festen gab und der mich als kleines Süßmaul damals schon mehr als nur erfreut hat. Ich habe diesem Kuchen ein neues Gesicht gegeben, indem ich Miniküchlein daraus gemacht habe und diese noch mit einer köstlichen Stracciatella Mascarponecreme getoppt wurden.

Die Zutaten:

Für den Kuchenteig:
110 g weiche Butter
80 g Zucker
3 Eier
90 g Schokladenraspeln
90 g gemahlene Haselnüsse
90 g Mehl
½ Päckchen Backpulver
2 Esslöffel neutrales Öl
130 g Schattenmorellen aus dem Glas

Für die Stracciatella Mascarpone Creme:
200 ml Sahne
1 Päckchen Vanillezucker
50 g Zucker
200 g Mascarpone
50 g Schokladenraspeln

Zudem:
Butter für die Minikuchenförmchen
frische Kirschen
Puderzucker zum Bestäuben
Schokoraspel

Den Backofen auf 180 °C Umluft (200 °C Ober- / Unterhitze) vorheizen.

Die weiche Butter mit dem Zucker schaumig schlagen. Die Eier nacheinander unterziehen. Nun die Schokladenraspeln und die gemahlenen Haselnüsse unterrühren. Das Mehl mit dem Backpulver mischen und zusammen mit dem Öl ebenfalls unter den Teig rühren.

Zuletzt noch die gut abgetropften Schattenmorellen unterheben.

Den Teig in gebutterte Minikuchen-Förmchen füllen und ca. 18 - 20 Minuten backen. Die Backzeit hängt etwas von der Größe eurer Kuchenförmchen ab. Um sicherzugehen, dass die Küchlein durchgebacken sind, einfach einen Stäbchentest machen. Dafür ein Stäbchen in die Mitte der Küchlein stecken. Bleibt beim Herausziehen kein Teig mehr am Stäbchen hängen, sind die Küchlein fertig gebacken. Anderenfalls die Backzeit noch wenige Minuten verlängern.

Die Küchlein gut auskühlen lassen.

Für die Stracciatella Mascarpone Creme die Sahne mit dem Vanillezucker steif schlagen. Den Zucker dabei langsam einrieseln lassen.

Den Mascarpone cremig rühren und mit den Schokoraspeln vermengen. Die Sahne unterheben und die Stracciatella Creme nun großzügig auf den Küchlein verteilen.

Mit den frischen Kirschen verzieren, mit Schokoraspeln und Puderzucker bestäuben.

Bananen Nugat Täschchen

Ich sag mal so, als Teilzeit-Sportler (bedeutet also, dass ich nur wenige Teile meiner Zeit mit Sport befülle), esse ich super gerne Bananen. Die Früchtchen machen satt und liefern schnell gesunde Energie. Ist ja wohl klar, dass ich Bananen deshalb auch gerne in jeder erdenklichen Variante zu süßem Gebäck verarbeite. Nur „pur" wäre auf Dauer ja zu langweilig. Da ich auch an Nuss-Nugat-Creme nur schlecht vorbeikomme, habe ich diese zwei Lieblinge einfach mal kombiniert und in eine leckere Quarkteighülle verpackt. Herrlich! Und irgendwie ja auch „gesund" ;-).

Die Zutaten:

(Für ca. 12 Stück):

Für den Teig:
250 g Magerquark
270 g Mehl
250 g weiche Butter
50 g Zucker

Für die Füllung:
150 g Nuss-Nugat-Creme
2 Bananen

Zudem:
2 Eigelbe

Alle Zutaten für den Teig vermengen und gut durchkneten. Der Quarkteig sollte schön elastisch und gut zu verarbeiten sein. Er bleibt zwar ein klein wenig klebrig, sollte jedoch nicht mehr allzu sehr an den Fingern hängen bleiben. Ist dies dennoch der Fall, einfach noch ein klitzeklein wenig Mehl unterarbeiten.

Den Teig nun ca. eine Stunde kühlstellen.

Den Backofen auf 170 °C Umluft (190 °C Ober- / Unterhitze) vorheizen.

Den Quarkteig auf einer bemehlten Fläche nochmals durcharbeiten und zu einer ca. 0,5 cm dicken Teigplatte ausrollen. Diese Teigplatte nun in ca. 12 gleichgroße Quadrate schneiden.

Die Nuss-Nugat-Creme gleichmäßig in die Mitte der Quadrate verteilen. Die Bananen in Stücke schneiden und jeweils ein Stück auf die Nuss-Nugat-Creme legen.

Nun die Ränder der Quadrate mit Eigelb bestreichen und in die Mitte hin einklappen, damit kleine Täschchen entstehen. Den Teig in der Mitte etwas zusammendrücken, damit die Taschen beim Backen nicht auseinanderfallen. Die Oberfläche mit dem restlichen Eigelb bestreichen und für ca. 20 - 25 Minuten in den Ofen schieben, bis die Täschchen eine schöne goldgelbe Farbe bekommen haben.

Pumpkin Donuts

Ich kann's wohl nicht verheimlichen. Ich liebe Kürbis! Nicht nur in herzhaften Gerichten, sondern vor allem auch in süßem Gebäck und leckeren Kuchen. Kürbis sorgt immer für eine fabelhafte Konsistenz, ob im Rührteig oder im Hefeteig, es schmeckt. Nachdem ich mal als Teenager in Los Angeles Donuts zum Frühstück kredenzt bekam, liebe ich diese runden Teile! Man muss sie nicht zwangsläufig frittieren, sondern kann sie auch backen. So wie diese Kürbis Donuts hier!

Die Zutaten:

(Für ca. 18 Stück):

Für den Donutteig:
200 g Kürbispüree (dafür benötigt man einen essbaren Kürbis, z.B. Hokkaido)
150 ml Rapsöl
3 Eier
270 g Zucker
¼ Teelöffel Salz
270 g Mehl
½ Päckchen Backpulver
1 Päckchen Vanillezucker
½ Teelöffel Zimt
¼ Teelöffel gemahlener Ingwer
1 Prise gemahlene Muskatnuss
1 Prise gemahlener Kardamom

Für den Guss:
200 g Puderzucker
1 Prise Zimt
130 g Ahornsirup

Zudem:
Fett für die Donut-Backform
Zimt zum Bestreuen

Für das Kürbispüree den Kürbis ca. 30 Minuten bei 180 °C Umluft (200 °C Ober- / Unterhitze) weichgaren, anschließend schälen und pürieren. Anschließend den Backofen auf 160 °C Umluft (180 °C Ober- / Unterhitze) herunterregeln.

Die Zutaten für den Donutteig zu einem glatten Rührteig verkneten. Bei den Gewürzen kann man je nach Geschmack etwas variieren oder auch mehr hinzugeben.

Die Donut-Backform fetten und die Donutförmchen zu ca. 2/3 mit Teig befüllen. Der Rührteig geht beim Backen noch auf, so dass man sie nicht komplett füllen sollte. Übrigens, ich fülle den Teig der Einfachheit halber zunächst immer erst in einen Spritzbeutel und spritze den Teig damit dann in die Förmchen. Eine gleichmäßige Teigverteilung funktioniert dadurch etwas leichter und sauberer als mit einem Löffel.

Die Donuts für ca. 16 - 18 Minuten backen. Komplett auskühlen lassen, bevor man sie aus der Form löst.

Für den Guss den Puderzucker mit dem Zimt mischen und mit dem Ahornsirup verquirlen. Auf die Donuts streichen und diese zum Schluss noch mit Zimtpulver bestäuben.

Strawberry Waffle Pops

Die besten Waffeln gab es in unserer Kindheit bei unserer Mom. Mein Bruder und ich freuten uns wie Schlosskönige, wenn es hin und wieder hieß, es gibt Waffeln zum Essen! Mom machte dann leckere Vanillesauce dazu und Kirschen kamen ebenso noch obendrauf. Ach wie wunderbar! Nun gut, da ich meine Waffeln heutzutage meistens selbst mache (obwohl ich immer noch am liebsten bei meinen Eltern zuhause esse), experimentiere ich mit dem Waffelteig auch gerne mal herum. So kamen diese leckeren Erdbeer-Schoko-Waffel-Pops zustande. Eine umwerfende Waffelkreation ...

Die Zutaten:

(Für 20 - 30 Stück, je nach Größe der Erdbeeren):

20 - 30 kleinere Erdbeeren
ca. 150 g Kuvertüre (weiß, Vollmilch oder Zartbitter, je nach Geschmack)
20 - 30 lange Holzstiele (oder Schaschlikspieße)

Für den Waffelteig:
200 g Mehl
100 ml Rapsöl
1 Ei
1 Päckchen Vanillezucker
1 Prise Salz
50 g Zucker
150 ml Milch

Zudem:
Fett oder Öl zum Ausbacken (z. B. Rapsöl)
Puderzucker zum Bestäuben

Die Erdbeeren waschen und gut trocknen lassen. Es sollten kleine Erdbeeren sein, weil die großen Exemplare ansonsten gerne vom Stiel rutschen.

Die Kuvertüre klein hacken und in einem Wasserbad oder in einer Mikrowelle bei geringer Wattzahl schmelzen. Die Erdbeeren an den Holzspießen aufspießen und in die Kuvertüre tunken, sie sollten vollständig damit überzogen werden. Auf ein Backpapier legen und kühlstellen, damit sie trocknen können.

Für den Waffelteig alle Zutaten zu einem glatten Teig verrühren und kurz stehen lassen.

In einem etwas höheren Topf nun das Fett oder das Öl erhitzen.
Es muss genug Fett bzw. Öl sein, damit man die Erdbeeren nachher problemlos hineintunken und ausbacken kann.

Nun die gut gekühlten Erdbeeren nacheinander zuerst in den Waffelteig tunken, kurz abtropfen lassen, und anschließend sofort im Öl ausbacken, bis sie eine goldgelbe Farbe angenommen haben. Herausnehmen und auf einem Kuchengitter oder Ähnlichem abtropfen lassen.

Mit Puderzucker bestäuben und servieren. Die Strawberry Waffle Pops schmecken sowohl warm als auch kalt.

Marzipankringel

Früher war ich ein richtiger Marzipanmuffel. Dieses süße Zeugs hat mir einfach nicht geschmeckt. Warum das so war, kann ich heute nicht mal mehr ansatzweise verstehen. Spätestens seit diesem Rezept hier bin ich ein absoluter Fan dieser köstlichen Mandelmasse! Diese Kringel sind so herrlich lecker und saftig in ihrer Konsistenz, dass sie mittlerweile sogar in die Top Ten meiner Lieblingskekse aufgestiegen sind.

Die Zutaten:

(Für ca. 20 Stück):

Für den Mürbeteig:
110 g Butter
1 Päckchen Vanillezucker
70 g Zucker
160 g Mehl
2 Eigelbe

Für die Marzipan-Spritzmasse:
300 g Marzipan
2 Eiweiß

Zudem:
5 - 6 Esslöffel Erdbeermarmelade

Aus den Teigzutaten einen Mürbeteig kneten. Diesen ca. 1 Stunde lang kaltstellen.

Den Backofen auf 160 °C Umluft (180 °C Ober- / Unterhitze) vorheizen.

Den Marzipan reiben oder alternativ in ganz minikleine Stückchen schneiden. Je kleiner desto besser, dann lässt er sich besser weiter verarbeiten. Übrigens, wenn man den Marzipan zuvor ganz leicht einfriert, kann man ihn besser reiben.

Das Eiweiß steif schlagen und mit den Marzipanstückchen verrühren. Alles gut vermixen. Es soll zum Schluss eine homogene und spritzförmige Masse entstehen. Habt Geduld, es kann ein wenig dauern bis sich der Marzipan und das Eiweiß gleichmäßig verbunden haben. Die Masse nun in einen Spritzbeutel mit kleiner Sterntülle füllen.

Den Teig auf einer bemehlten Fläche ca. 3 - 4 mm dick (wie beim Weihnachtsplätzchenausstechen) ausrollen und Kreise ausstechen. Diese auf ein mit Backpapier ausgelegtes Backblech legen.

Nun die Marzipanspritzmasse kringelförmig auf die Kreise aufspritzen.

Die Kringel nun noch mit etwas Marmelade füllen und die Kekse dann für ca. 12 Minuten backen.

Die Marzipankringel sollen eine goldgelbe Farbe annehmen.

Gut auskühlen lassen und dann trocken und kühl aufbewahren. Oder einfach gleich essen.

Brigadeiros

Meine Lieben, diejenigen unter euch, die meinem Blog "Life is Full of Goodies" regelmäßig folgen, wissen, dass es dort ab und an auch das ein oder andere Rezept von meiner Mom oder von meinem Dad gibt. Beide sind nämlich tolle Hobbyköche und -bäcker! Mein Dad backt zwar lieber herzhafte Sachen, aber meine Mom ist ein Süßschnabel wie ich. Deshalb gibt's nun Mom's Brigadeiros.
Leckerste Schokotrüffel, die eine ganz besondere Konsistenz haben! „Chewy", wie ich dazu sage. Richtig gut!!!

Die Zutaten:

(Für ca. 25 Stück):

1 Esslöffel Butter
1 Dose (ca. 400 g) gezuckerte Kondensmilch (gibt es in gut sortierten Supermärkten)
2 Esslöffel Kakaopulver

Zudem:
Eine Packung Schokostreusel (ca. 200 g) zum Wälzen der Kugeln
Etwas Butter zum Einreiben der Hände beim Formen der Kugeln

Die Butter in einem Topf schmelzen.

Die gezuckerte Kondensmilch und das Kakaopulver hinzugeben.

Unter Rühren einige Minuten köcheln lassen, bis die Masse sehr zähflüssig wird. Nun muss sie abkühlen.

Aus der Masse sodann mit einem Teelöffel kleine Portionen abstechen und mit leicht gebutterten Händen (damit's nicht so klebt) kleine Kugeln daraus formen. Diese in den Schokostreusel wälzen und im Anschluss kühl lagern.

Wenn ihr wollt, könnt ihr die schokoladige Masse auch noch mit etwas Aroma verfeinern, wie zum Beispiel Bittermandel- oder Rumaroma. Dafür das Aroma einfach zur köchelnden Masse in den Topf geben und gut verrühren.

Vanillepudding-Schnecken

Es geht nichts über süße Teilchen mit cremiger Vanillepuddingfüllung. Ob Plunder oder Schnecken, wenn ich Puddingteilchen sehe, MUSS ich eines davon kaufen! Und wehe, es wurde dabei mit dem Vanillepudding gespart ... Je mehr, desto besser! Ein guter Grund, um Vanillepudding-Schnecken selbst zu machen: Man kann selbst bestimmen, wie viel Füllung man reinmacht!

Die Zutaten:

(Für ca. 12 Stück):

Für den Teig:
250 g Mehl
½ Päckchen Trockenhefe
(oder ½ Würfel frische Hefe)
30 g Zucker
1 Päckchen Vanillezucker
1 Prise Salz
1 Ei
60 ml lauwarme Milch
50 g flüssige Butter

Für die Füllung:
250 ml Milch
60 g Zucker
1 Päckchen
Vanillepuddingpulver

Zudem:
Puderzucker zum Bestäuben

Zunächst das Mehl mit der Hefe mischen. Frische Hefe zuvor zerbröckeln. Zucker, Vanillezucker, Salz, Ei, lauwarme Milch und flüssige Butter hinzufügen und alles zu einem glatten Teig verkneten. Einige Minuten gut durchkneten und den Hefeteig an einem warmen Ort ca. 1 Stunde gehen lassen.

Den Backofen auf 170 °C Umluft (190 °C Ober- / Unterhitze) vorheizen.

Für die Füllung die Milch aufkochen und mit dem Zucker und dem Vanillepuddingpulver nach Anleitung einen Pudding kochen. Diesen in ein Gefäß füllen und mit Frischhaltefolie bedecken. Die Folie direkt auf den Pudding legen, damit sich keine Haut bildet.

Den Hefeteig nochmals gut durchkneten und auf einer bemehlten Fläche zu einem ca. 40 cm x 30 cm großen Rechteck ausrollen. Den Pudding auf der Teigplatte gleichmäßig verstreichen und den Teig von der Längsseite her zu einer Rolle aufrollen.

Mit einem scharfen Messer ca. 3 cm breite Scheiben abschneiden und diese flach, mit der Schnittfläche nach oben, in eine Muffinform legen oder alternativ einfach auf ein mit Backpapier ausgelegtes Backblech setzen.

Die Schnecken ca. 20 - 25 Minuten backen.

Die Schnecken nun noch mit Puderzucker bestäuben.

Strawberry Pie Poppers

Diese kleinen gefüllten Teigsäckchen werden in Muffinförmchen gebacken. Sie bestehen, wie der Name schon sagt, aus einem Pieteig und haben einen fruchtigen Kern. Ihr könnt euch bei der Füllung kreativ ausleben und verschiedene Marmeladen und Früchte benutzen. Ich habe hier Erdbeeren mit Erdbeermarmelade gemischt. Mit Aprikosen oder Kirschen schmeckt das aber auch fantastisch!

Die Zutaten:

(Für 8 Stück):

Für den Pieteig:
180 g kalte Butter
300 g Mehl
1 Prise Salz
50 g Zucker
75 ml kaltes Wasser

Für die Füllung:
100 g Erdbeeren
100 g Erdbeermarmelade

Zudem:
Butter für die Muffinform
Puderzucker zum Bestreuen

Für den Teig die kalte Butter flöckchenweise zum Mehl hinzugeben. Die restlichen Teigzutaten dazumischen und alles zu einem Teig verkneten.

Den Teig ca. 30 Minuten im Kühlschrank ruhen lassen.

Den Backofen auf 170 °C Umluft (190 °C Ober- / Unterhitze) vorheizen.

Den Teig in 8 gleichgroße Stücke schneiden und zu Kugeln formen. Die Kugeln platt drücken und zu Kreisen mit einem Durchmesser von ca. 10 cm ausrollen.

Die Erdbeeren waschen, trocknen lassen und klein schneiden. Mit der Erdbeermarmelade mischen.

Nun auf jeden Kreis in die Mitte einen Klecks der Erdbeerfüllung (oder einer alternativen Füllung) geben. Die Teigränder rundherum anheben und oben zusammendrücken, damit kleine Säckchen entstehen. Den Teig dabei gut verschließen, damit beim Backen nachher nichts ausläuft.

Die Säckchen in eine gebutterte Muffinform legen und ca. 30 - 35 Minuten backen. Die Pie Poppers sollten dabei eine schöne goldgelbe Farbe annehmen.

Anschließend mit Puderzucker bestreuen und warm oder kalt servieren.

Chai Bananenküchlein

Chai Gewürze und Banane. Ja, das ist in der Tat eine ganz hervorragende Kombination. Dass ich Bananenkuchen liebe, habe ich bereits zu Beginn beim Frühstück und meinem Cream Cheese Banana Bread erwähnt. Da man mit Bananenteig unglaublich viel experimentieren und variieren kann, ist es immer wieder spannend, neue Kreationen umzusetzen. Hier habe ich den Bananenkuchen einfach mit typischen Chai Gewürzen verfeinert, um ihm auf diese Weise eine besondere Note zu geben.

Die Zutaten:

(Für ca. 20 Stück, je nach Größe der Kuchenförmchen):

1 Päckchen Vanillezucker
50 g weiche Butter
125 g Zucker
1 gute Prise Salz
50 ml Rapsöl
1 Ei
½ Teelöffel Backpulver
¼ Teelöffel Natron
175 g Mehl
50 ml Milch
150 g reife Bananen

Gewürze:
½ Teelöffel Zimt
½ Teelöffel Kardamom
½ Teelöffel Ingwer
¼ Teelöffel Fenchelpulver
¼ Teelöffel Nelkenpulver
¼ Teelöffel Anispulver

(ersatzweise Lebkuchengewürz)

Zudem:
Zimtzucker zum Bestreuen

Den Backofen auf 160 °C Umluft (180 °C Ober- / Unterhitze) vorheizen.

Den Vanillezucker mit der Butter, dem Zucker und dem Salz schaumig schlagen. Das Rapsöl sowie das Ei unterrühren. Backpulver, Natron und Mehl vermischen und abwechselnd mit der Milch unterrühren. Die Bananen zerdrücken und ebenfalls zum Teig rühren.

Nun die Gewürze hinzugeben, ruhig großzügig dosieren, damit man sie später auch entsprechend gut herausschmeckt.

Den Teig gut verrühren und anschließend in gefettete kleine Kuchenförmchen (es müssen nicht unbedingt Guglförmchen sein) geben. Für ca. 25 Minuten backen. Die Backzeit kann je nach der Größe eurer Backform etwas variieren. Einfach einen Stäbchentest machen, um zu schauen, ob die Küchlein durchgebacken sind. Bleibt kein Teig mehr am Stäbchen hängen, so sind sie fertig gebacken. Sie sollten zudem eine schöne hellbraune Oberfläche bekommen haben.

Nach dem Backen die Küchlein in den Förmchen auskühlen lassen. Dann vorsichtig herauslösen und mit Zimtzucker bestreuen.

Tropic Balls

Hört sich das nicht irgendwie nach Urlaub an?! Ich find schon. Und deshalb habe ich sie auch so genannt. Warum?! Weil ich Kokosnuss, Cashewkerne, getrocknete Früchte und weiße Kuvertüre verarbeitet habe und mir das schlichtweg umgehend ein Urlaubsgefühl verpasst hat. Meine Bällchen bestehen aus getrockneten Aprikosen, ihr könnt, wenn ihr wollt, 50 g davon aber auch mit anderen getrockneten und sehr klein geschnittenen Früchten ersetzen. Probiert's einfach mal aus!

Die Zutaten:

150 g weiße Kuvertüre (bitte eine wirklich gut schmeckende Kuvertüre benutzen)
150 g getrocknete Aprikosen
100 g Cashewkerne
40 ml Sahne

Zudem:
Ca. 50 g Kokosraspeln zum wälzen der Kugeln

Die Kuvertüre sehr klein hacken. Die Aprikosen ebenfalls.

Die Cashewkerne in einer Pfanne leicht anrösten und dann ebenso ganz klein hacken.

Die Sahne in einem Topf aufkochen. Die klein gehackte Kuvertüre zufügen und den Topf vom Herd ziehen. Rühren, bis sich die Kuvertüre vollständig aufgelöst hat.

Die Aprikosen und die Cashews hinzugeben und alles gut miteinander vermengen.

Die Masse nun ca. 1 Stunde in den Kühlschrank stellen. Sie kühlt dabei ab und wird formbar.

Nun mit einem Teelöffel kleine Portionen aus der Masse abstechen, in den Händen zu mundgerechten Kugeln formen und diese in den Kokosraspeln wälzen. Falls die Hände beim Formen zu sehr kleben, diese währenddessen einfach immer mit einigen Kokosraspeln bestreuen.

Die Kugeln gekühlt aufbewahren, damit sie schön fest bleiben.

Apfel-Quark-Säckchen

Man nehme einige Äpfel, etwas Quark, einen Schuss Rum, ein paar Rosinen und leckeren Blätterteig und schon hat man im Handumdrehen diese Säckchen hier zubereitet. Sie erinnern ein wenig an Apfelstrudel und können warm oder kalt gegessen werden. Ich selbst mag sie ganz frisch aus dem Ofen, serviert mit einer Vanillesauce. Richtig gut!
Der Strohrum sorgt für diesen unvergleichlich typischen Geschmack, kann aber auch weggelassen werden, sofern man keinen Alkohol in seinen Apfelsäckchen mag. Das Rezept für meine Vanillesauce findet ihr übrigens auf Seite 11.

Die Zutaten:

(Für 6 Stück):

3 - 4 Äpfel
(es sollten nachher 300 g Apfelstückchen sein)
Saft von ½ Zitrone
2 Esslöffel Rosinen
1 Esslöffel Strohrum
1 Esslöffel Zucker
2 Päckchen Vanillezucker
250 g Magerquark
1 Rolle Blätterteig

Zudem:
1 Esslöffel Butter, um die Äpfel darin anzudünsten
1 Eigelb zum Bestreichen des Blätterteigs
etwas Puderzucker zum Bestreuen

Den Backofen auf 180 °C Umluft (200 °C Ober- / Unterhitze) vorheizen.

Die Äpfel schälen und in kleine Stückchen schneiden. Den Zitronensaft darüber gießen und etwas ziehen lassen. Währenddessen die Rosinen mit dem Rum beträufeln.

In einer großen Pfanne den Esslöffel Butter schmelzen. Die Äpfel hineingeben und mit Zucker und Vanillezucker bestreuen. Die Äpfel einige Minuten andünsten und dabei in der Pfanne immer mal wieder wenden.

Die Pfanne vom Herd nehmen und den Magerquark unter die Äpfel mischen.
Die Apfelmasse etwas auskühlen lassen.

Aus dem Blätterteig sechs Quadrate schneiden. Die Ränder der Quadrate mit etwas Eigelb bepinseln. Die Apfel-Quarkmasse jeweils mittig auf die Quadrate verteilen.

Nun den Blätterteig rundherum mit den Fingern hochnehmen und oben komplett zusammendrücken, damit kleine Säckchen entstehen. Die Taschen sollen vollständig geschlossen sein, damit beim Backen nichts vom Apfel-Quark herausläuft.

Auf ein mit Backpapier ausgelegtes Backblech setzen und ca. 20 Minuten backen.

Vor dem Servieren mit Puderzucker bestreuen.

Double Chocolate Cups

Schokoholics gibt's ja viele auf dieser Welt. Ich gehöre dazu. Zweifelsohne. Während meine bessere Hälfte ausschließlich die weiße Variante isst, und man ihn mit sämtlichen dunklen Schokoladen jagen könnte, bin ich da ein wenig anspruchsloser und futtere ALLE Sorten. Ob hell, dunkel, mit Frucht und Nüssen oder ohne alles, Hauptsache Schoki. Und damit man sich nicht immer zwischen verschiedenen Varianten entscheiden muss, habe ich hier einfach mal helle und dunkle Schokolade miteinander kombiniert.

Die Zutaten:

(Für ca. 12 Cups):

150 g Mehl
10 g Kakao
1 Eigelb
60 g Zucker
1 Prise Salz
100 g weiche Butter

Für die Füllung:
140 g weiße Kuvertüre
60 g Sahne

Zudem:
Etwas Zartbitterkuvertüre (ca. 50 g) zum Verzieren
Butter für die Minimuffinform

Die Teigzutaten zu einem Mürbeteig verkneten. Diesen ½ Stunde im Kühlschrank ruhen lassen.

Den Backofen auf 170 °C Umluft (190 °C Ober- / Unterhitze) vorheizen.

Anschließend den Teig nochmals gut durchkneten und auf einer bemehlten Fläche dünn (ca. 0,3 bis 0,5 mm) ausrollen.

Nun mit einem Plätzchenausstecher ca. 12 Kreise ausstechen.
Diese Kreise in eine gebutterte Minimuffinform legen und etwas andrücken.

Die Cups für ca. 10 - 12 Minuten backen. Danach gut auskühlen lassen.

Für die Füllung die weiße Kuvertüre sehr klein hacken. Die Sahne in einem Topf aufkochen und über die weiße Kuvertüre gießen. So lange rühren, bis die Kuvertüre vollständig geschmolzen ist.

Die Füllung nun in die einzelnen Cups gießen und fest werden lassen. Danach vorsichtig aus der Form lösen.

Die Zartbitterkuvertüre klein hacken und in einem Wasserbad schmelzen.
Zum Schluss über die Chocolate Cups geben und verzieren.

Cherry Pie Pockets

Sie sehen hübsch aus und sind zum Snacken zwischendurch bestens geeignet. Pie Pockets sind nichts anderes als lecker gefüllte Teigtaschen, die warm oder kalt gegessen werden können. Mir sind sie am liebsten, wenn sie viel Füllung abbekommen haben, aber das ist natürlich Geschmackssache. Bei meinen Kirsch-Täschchen ist der Teig nur leicht gesüßt und schmeckt herrlich buttrig.

Die Zutaten:

(Für ca. 6 - 8 Stück):

Für den Pieteig:
120 g kalte Butter
200 g Mehl
50 ml Wasser
2 Esslöffel Zucker
1 Prise Salz

Für die Kirschfüllung:
200 g Schattenmorellen aus dem Glas
150 ml Kirschsaft
25 g Speisestärke

Zudem:
2 Eigelbe zum Bestreichen

Für den Teig die kalte Butter flöckchenweise zum Mehl hinzugeben. Wasser dazumischen sowie auch Zucker und Salz. Alles schnell zu einem Teig verkneten. Den Teig 30 Minuten im Kühlschrank ruhen lassen.

Den Backofen auf 170 °C Umluft (190 °C Ober- / Unterhitze) vorheizen.

Für die Kirschfüllung die Kirschen halbieren. 2 - 3 Esslöffel vom Kirschsaft mit der Speisestärke glatt rühren. Den übrigen Saft zusammen mit den Kirschen in einem Topf aufkochen, die Speisestärke unterrühren und noch kurz unter Rühren köcheln lassen. Vom Herd nehmen und zur Seite stellen.

Den Teig auf einer bemehlten Fläche dünn (so ca. 3 mm) ausrollen, die Ränder mit einem Messer schön gerade abschneiden, damit man ein großes Rechteck erhält. Den am Rand abgeschnittenen Teig für die Deko auf den Taschen aufheben und zur Seite legen.

Das große Teigrechteck nun in ca. 12 - 16 gleichgroße Rechtecke schneiden. Auf die Hälfte der Rechtecke jeweils in die Mitte die Kirschfüllung verteilen. Die Ränder dabei freilassen und mit Eigelb bestreichen. Nun die nicht befüllten Teigrechtecke auf die befüllten legen. Die Ränder rundherum mit einer Gabel festdrücken, damit beim Backen nachher nichts ausläuft.

Mit dem übrigen Teig nach Wunsch noch ein Muster auf die Taschen aufbringen. Ich habe kleine Streifen auf die Pie Pockets gelegt, man kann aber zum Beispiel auch kleine Kreise ausstechen und drauflegen.

Die Cherry Pie Pockets mit Eigelb bestreichen und für ca. 20 - 25 Minuten backen, sie sollten eine schöne Bräunung bekommen haben.

Cheesecake Bites

Ein leckerer Käsekuchen vom Blech, der in mundgerechte, knackige Häppchen verwandelt wurde.
Dieses Rezept ist für ein ganzes Blech Käsekuchen und damit ca. 64 Cheesecake Bites ausgelegt. Wem das zu viel ist, der macht nur 32 Stück, nimmt also von allen Zutaten einfach die Hälfte und benutzt ein kleines Blech oder eine entsprechende Backform (z. B. mit einer Größe von ca. 20 cm auf 25 cm oder ähnlich).

Die Zutaten:

(Für ca. 64 Stück):

Für den Teig:
400 g Mehl
190 g Zucker
2 Eier
180 g Butter (Zimmertemperatur)
1 Prise Salz

Für die Käsemasse:
1 kg Magerquark
200 g Zucker
2 Eier
2 Eigelbe
2 Päckchen Vanillepuddingpulver
600 ml Milch
60 ml Öl

Zudem:
400 g Kuvertüre (weiß, aus Vollmilch oder Zartbitter, je nach Wunsch)
1 Esslöffel Kokosfett (alternativ funktioniert hier auch eine gut schmeckende Kuchenglasur)

Alle Teigzutaten zu einem gleichmäßigen Teig verkneten. Diesen ca. 1 Stunde kaltstellen.

Währenddessen die Zutaten für die Käsemasse mit einem Rührgerät gut vermixen.
Es ergibt sich eine sehr flüssige Masse.

Den Backofen auf 180 °C Umluft (200 °C Ober- / Unterhitze) vorheizen.

Den Teig auf einer bemehlten Fläche ausrollen und ein Backblech damit auslegen.
Die Käsemasse auf den Teig gießen und den Kuchen ca. 30 - 35 Minuten backen.
Wer nur die Hälfte des Teigs verwendet und dann lediglich ein kleines Blech backt, kann die Backzeit eventuell um ca. 5 Minuten verkürzen. Der Käsekuchen sollte jedenfalls eine schöne goldgelbe Oberfläche bekommen haben.

Den Käsekuchen komplett auskühlen lassen und einige Stunden kühl stellen, am besten über Nacht, damit er sich etwas setzen und fest werden kann.

Ist der Kuchen gut durchgekühlt, schneidet man ihn in lauter kleine, nahezu mundgerechte Quadrate. Ich habe aus einem Blech ca. 64 kleine Stücke geschnitten.
Wem diese Stücke zu klein sind, der macht einfach größere. Hauptsache ihr schneidet gleichmäßige Quadrate in gewünschter Größe aus.

Die Kuvertüre klein hacken und zusammen mit dem Kokosfett in einem Wasserbad schmelzen. Oder alternativ die Kuchenglasur nach Anleitung schmelzen. Die Kuchenquadrate hineintunken und auf einem Kuchengitter gut abtropfen und fest werden lassen.

Die Cheesecake Bites im Kühlschrank aufbewahren, damit der Überzug schön knackt, wenn man in die Stücke reinbeißt.

Kürbisküchlein

Genauso wie Zucchini oder Süßkartoffel, macht Kürbis den Kuchen supersaftig und sorgt für eine perfekte Konsistenz. Er hat – richtig dosiert – einen sanften und überaus guten Geschmack. Und keine Sorge, der Kuchen schmeckt nachher nicht nach Gemüse!

Die Zutaten:

Für den Teig:
150 g Kürbispüree, dafür benötigt ihr einen essbaren Kürbis wie z. B. Hokkaido oder Butternut (wie ihr das Püree macht, erkläre ich in der Anleitung)
2 Eier
80 g weiche Butter
120 g Puderzucker
1 Päckchen Vanillezucker
¼ Teelöffel Zimt
1 Prise Muskatnuss
140 g Mehl
½ Päckchen Backpulver
2 Esslöffel Milch
1 Prise Salz

Für den Guss:
100 g Puderzucker
80 g Ahornsirup

Das Kürbispüree stellt man ganz einfach her, indem man einen essbaren Kürbis viertelt und im Backofen bei 180 °C Umluft (200 °C Ober- / Unterhitze) ca. 30 Minuten weich gart. Etwas abkühlen lassen, dann die Körner und die Schale entfernen und das Fleisch mit einem Pürierstab kurz durchpürieren. Das Kürbis-Mus in Gläser geben und im Kühlschrank lagern (dann ist es einige Tage haltbar) oder in Beuteln einfrieren (dann ist es sogar einige Monate haltbar).

Für die Kürbisküchlein den Backofen auf 160 °C Umluft (180 °C Ober- / Unterhitze) vorheizen.

Die Eier trennen. Das Eigelb mit der weichen Butter und 80 g vom Puderzucker schaumig schlagen. Das Kürbispüree unterrühren.

Das Eiweiß mit dem restlichen Puderzucker, dem Vanillezucker, dem Zimt und der Muskatnuss steif schlagen.

Mehl, Backpulver, Milch und Salz vermischen und unter die Eier-Buttermasse rühren. Nun noch das Eiweiß unterheben und den Teig sodann in gefettete kleine Kuchenförmchen geben. Ich habe hier Silikonförmchen benutzt, ihr könnt aber jede Miniküchlein-Form nehmen, die euch in die Hände fällt.

Die Küchlein ca. 25 - 30 Minuten backen, je nachdem wie groß eure Form ist. Macht zur Sicherheit einfach einen Stäbchentest. Wenn kein Teig mehr am Stäbchen hängen bleibt, sind die Küchlein fertig.

Für den Guss den Puderzucker mit dem Ahornsirup cremig rühren. Mit einem Pinsel auf die Küchlein streichen und fest werden lassen.

Mohn-Zwetschgenmus-Schnecken

Schnecken waren schon im Kindesalter eins meiner Highlights. Zumindest, sofern sie aus Teig bestanden und süß waren. Meine Oma machte immer diese leckeren kleinen Nussschnecken, die so einzigartig in ihrem Geschmack waren, dass ich sie leider nie auch nur annähernd so hinbekommen habe. Deshalb gibt's nun einfach Mohnschnecken.

Die Zutaten:

Für den Hefeteig:
1 Würfel Hefe
250 ml lauwarme Milch
100 g Zucker
80 g flüssige Butter
500 g Mehl
1 Prise Salz

Für die Mohnfüllung:
75 ml Milch
40 g Butter
1 Prise Salz
½ Teelöffel Zimt
40 g Zucker
1 Päckchen Vanillezucker
125 g gemahlener Mohn
125 g Zwetschgenmarmelade (z. B die von Seite 29)

Zudem:
Etwas Sahne zum Bestreichen
200 g Puderzucker
2 - 3 Esslöffel Milch
½ Fläschchen Bittermandelöl

Die Hefe in die lauwarme Milch bröckeln. Den Zucker und die flüssige Butter dazurühren und die Mischung ca. 10 Minuten gehen lassen.

Das Mehl mit dem Salz vermischen. Die Hefemilch hinzugeben und einen Knetteig herstellen. Den Teig einige Minuten gut durcharbeiten und sodann an einem warmen Ort mit etwas Mehl bestäubt und abgedeckt ca. 30 Minuten gehen lassen.

Für die Mohnfüllung die Milch mit der Butter und dem Salz in einem Topf erwärmen. Den Zimt hinzugeben, den Zucker sowie den Vanillezucker unterrühren. Alles aufkochen lassen und den Mohn dazugeben. Die Temperatur herunterregeln und die Masse unter Rühren andicken lassen. Der Mohn quillt recht schnell auf, es entsteht eine dicke und nachher auch streichfähige Paste. Vom Herd nehmen und etwas auskühlen lassen.

Den Backofen auf 160 °C Umluft (180 °C Ober- / Unterhitze) vorheizen.

Den Hefeteig erneut durchkneten und auf einer bemehlten Fläche zu einem Rechteck (ca. 40 cm auf 50 cm) ausrollen. Das Zwetschgenmus unter die Mohnmasse rühren und die Füllung nun auf der Teigplatte gleichmäßig verteilen.

Die Teigplatte der Länge nach aufrollen und ca. 2 cm dicke Scheiben davon abschneiden. Je zwei der Scheiben nebeneinander auf ein mit Backpapier ausgelegtes Blech setzen, und zwar so, dass die Enden der Schnecken unten jeweils zusammentreffen. Die Enden der Schnecken dafür etwas aufrollen und so zu einem Herz formen. Die Oberfläche der Schnecken mit etwas Sahne bestreichen und im Ofen ca. 25 Minuten backen.

Für den Guss den Puderzucker mit der Milch und dem Bittermandelöl verrühren und auf die Schnecken streichen.

Apple Pie Bites

Diese kleinen Apple Pie Häppchen sind ein absolutes Zufallsprodukt. Eigentlich hatte ich mit diesen Zutaten und dem Teig etwas völlig anderes vor. Aber wie das beim Backen und Experimentieren nun mal so ist, läuft das Ganze hin und wieder nicht nach Plan und entwickelt sich in eine völlig andere Richtung als ursprünglich angedacht.
Aber wenn man Glück hat, entsteht dabei so etwas Köstliches wie diese minikleinen Apple Pie Bites. Mit einem Schuss Apfelkaramell (Rezept Seite 14) übergossen wirklich ein Traum!!!!

Die Zutaten:

Für die Apfelmasse:
100 g Äpfel
1 Teelöffel Butter
25 g brauner Zucker
25 g weißer Zucker
½ Teelöffel Zimt
1 Spritzer Zitronensaft
1 gehäufter Teelöffel Speisestärke
1 Esslöffel Wasser

Für den Teig:
150 g Mehl
85 g kalte Butter
eine Prise Salz
30 - 40 ml kaltes Wasser
25 g Zucker

Zudem:
Butter für die Minimuffinform
Etwas Apfelkaramell zum Begießen (Rezept auf Seite 14)

Die geschälten und entkernten Äpfel in ganz kleine Stückchen schneiden und in der geschmolzenen Butter in einem Topf erhitzen. Mit dem braunen und weißen Zucker mischen. Zimt und Zitronensaft hinzugeben und aufkochen lassen. Ca. 5 Minuten weiterköcheln lassen, dabei immer gut umrühren. Die Apfelstückchen sollen dabei schön weich werden.

Die Speisestärke im Wasser anrühren und zu den Äpfeln geben. Alles glatt rühren und andicken lassen. Dann vom Herd nehmen und auskühlen lassen.

Den Backofen auf 170 °C Umluft (190 °C Ober- / Unterhitze) vorheizen.

Zum Mehl die Butter flöckchenweise hinzugeben. Mit den übrigen Teigzutaten schnell zu einem Teig verkneten. Die Apfelmischung hinzugeben und unterkneten. Es ergibt sich eine etwas klebrige Apfel-Teigmasse.

Von dieser Teigmasse nun mit einem Esslöffel kleine Portionen abstechen und diese in einer gebutterten Minimuffinform platzieren. Den Löffel zwischendurch mit Wasser anfeuchten, dann bleibt die Masse nicht zu sehr daran kleben.

Die Apple Pie Bites nun für ca. 12 - 15 Minuten backen. Die Backzeit kann je nach Größe eurer Portionen etwas variieren. Die Bites sollten jedenfalls eine schöne goldgelbe Farbe erhalten haben.

Vor dem Verzehr mit etwas Apfelkaramell übergießen.

Lemon Crinkle Cookies

Diese „zerknitterten" Cookies habe ich aus zwei Gründen gebacken. Erstens mag ich Zitronenkekse und zweitens finde ich die Optik dieser Crinkle Cookies einfach ganz zauberhaft! Ich mag die aufgebrochene Oberfläche, die beim Backen entsteht.
Was aufwendig aussieht, ist in Wahrheit super easy nachzumachen! Die Erklärung kommt in der Anleitung. Ich dippe meine Cookies übrigens am liebsten in das Lemon Curd von Seite 23. Selbstverständlich können sie aber auch pur gefuttert werden.

Die Zutaten:

(Für ca. 25 Stück):

80 g weiche Butter
100 g Zucker
1 Ei
Saft und Schale von ½ Zitrone (alternativ etwas Zitronenaroma)
½ Päckchen Backpulver
230 g Mehl

Zudem:
Ca. 100 g Zucker
Ca. 100 g Puderzucker
Beides zum Wälzen der Cookies

Die weiche Butter mit dem Zucker schaumig rühren.

Das Ei dazu schlagen und mit dem Saft und der Schale der Zitrone (alternativ mit dem Zitronenaroma) vermengen.

Das Backpulver mit dem Mehl mischen und zur Eier-Butter-Masse hinzugeben. Alles zu einem glatten Teig verkneten. Der Teig sollte nicht mehr kleben, bei Bedarf deshalb ein klitzeklein wenig mehr Mehl hinzugeben.

Den Keksteig zu einer Kugel formen, in etwas Folie einwickeln und ca. 1 Stunde im Kühlschrank kühlen.

Nun den Backofen auf 160 °C Umluft (180 °C Ober- / Unterhitze) vorheizen.

Den Teig nun nochmals gut durchkneten und aus diesem dann einen langen Strang rollen. Mit einem Messer gleichgroße und mundgerechte Stücke davon abschneiden. Diese Stücke mit den Handflächen zu Kugeln formen.

Die Kugeln nun zuerst im Zucker und anschließend im Puderzucker wälzen. Dann auf ein mit Backpapier ausgelegtes Backblech setzen.

Die Cookies ca. 10 Minuten backen. Während des Backvorgangs platzt die Oberfläche auf und die Kekse bekommen ihr typisches Aussehen.

Gut auskühlen lassen.

Time for Ice Cream, Baby!

Eiszeit für alle …

Eiscreme futtere ich nicht nur wahnsinnig gerne, ich verbinde damit auch viele Erinnerungen. Wenn ich an Eis denke, dann kann sich mein Kopf zunächst überhaupt nicht entscheiden, ob er nun an ein Softeis denken will oder an ein Eissandwich. Oder doch lieber an einen stinknormalen Eisbecher mit Sahne und Waffel obendrauf … Mmmh.
Wer die Wahl hat, hat die Qual. Eis geht ja wirklich in jeder Variante und das auch tatsächlich immer. Man kann noch so vollgefressen sein, Eis passt grundsätzlich noch rein. Ist ja aber auch klar, schließlich kann es in all die kleinen Zwischenräume im Magen rutschen.

Als Kleinkinder verbrachten wir, mein Bruder und ich, viel Zeit auf dem Tennisplatz. Im Clubhaus gab es damals natürlich, wie fast überall zu dieser Zeit, eine riesige Eistruhe mit Unmengen von Eis-am-Stiel oder klassischen Eishörnchen. Da gab es zum Beispiel dieses Bumbum-Dingens-Eis, oder wie auch immer das hieß … Das mit rotem, mega künstlich schmeckendem Schokoladenüberzug und Kaugummi im Stiel. Ja, im Stiel. Innen drin befand sich eine im Geschmack nicht definierbare Sorte Eis, ich meine, es sollte Vanille gewesen sein. Der durch das Einfrieren viel zu harte Kaugummi vervollständigte das nicht ganz einwandfrei zu deutende Geschmackserlebnis. Yepp.
Wir fanden's cool. Mega cool sogar. Ich liebte dieses Ding!

Aber nicht nur das. Es gab ja noch viel mehr Klassiker!! Und ich hatte sie ALLE! Wie zum Beispiel diese Wasser-Eis-Dinger, die man aus der länglichen Verpackung drücken musste!!! In Colageschmack … Oder die 10-Pfennig-Wassereis-Plastiktütchen, die man beim Bäcker gekauft und auf dem Weg zur Schule verdrückt hat. In Kirsch, Zitrone oder unter anderem Waldmeistergeschmack. Oh Gott, kennt ihr die auch alle noch oder bin ich die einzige „Alte" hier?!

Meine Mom liebte früher schon ihr Dominoeis, Vanille, Waffel und Schoki. Oder das Trilogie-Eissandwich, das sie übrigens heute noch gerne isst. Und meinen Dad konnte man damals wie heute mit einem klassischen gemischten Eis aus der Eisdiele am glücklichsten machen. Aber nur bei richtig gutem Eis. Mit noch besserer Sahne obendrauf.

An was ich mich ebenfalls mehr als nur dunkel erinnere, sind diese Eiskuchen, die damals total „in“ waren. Lange, kastenförmige Eisgebilde, die man Scheibe für Scheibe mit dem Messer wie Kuchenstücke abschneiden konnte und die total hübsch aussahen. Bei meinen Großeltern in Neudorf gab es diese eisigen Kuchen andauernd. Bestehend aus Vanille-, Erdbeer- und Schokoeis, gespickt mit Schokoladenraspeln, anmutend verziert … Sooo gut!

Aber es geht ja noch weiter. Als ich ca. sechs Jahre alt war (ja richtig, das ist schon laaange her) waren wir im Sommerurlaub in der Türkei. Dort gab es dieses typisch türkische Eis, zäh und kaugummiartig, das an jeder Ecke verkauft wurde. Ich erinnere mich gut. Sehr gut sogar! Ich hab nämlich keins gekriegt! Trotz lauten Quengelns, Brüllens und Heulens hatte Klein-Moppel-Mara keinen Erfolg, meine Eltern verweigerten mir diese köstlich anmutende kühle Süßigkeit. Aus Vorsicht vor Salmonellen. Gut, das war im Falle von diesem speziellen Eis, bei über 40 Grad im Schatten, der damaligen Kühltechnik und dem teilweise anzutreffenden Hygiene-Standard vielleicht nicht die schlechteste Idee. Auch wenn man das als Kleinkind, das unbedingt ein Eis BRAUCHT, in diesem Moment nicht verstehen konnte.

Nicht vergessen möchte ich hier natürlich meinen Alltime-Favourite, das Softeis. Lecker! Und sooo schön. Wenn sich diese weiche, cremige Masse auf der Waffel hinaufschlängelt … Herrlich. Einfach nur herrlich. Dank diversen Fast Food Ketten und anderen Einrichtungen kann man ja Gott sei Dank auch problemlos in den Genuss dieses kühlen Gaumenschmauses kommen. Ähnlich lecker wie Frozen Yoghurt.

Nun gut, weil Eis also in so ziemlich jeder Variante schmackhaft sein kann und dennoch Geschmackssache ist, habe ich eine Auswahl an verschiedenen Eis-Variationen für euch hergestellt. Ob Eis-Sandwich, Eis-am-Stiel oder Eis aus dem Topf. Es gibt Eis querbeet. Frohes Lecken!

Vanilla Cashew Crunch Ice Cream

Der Klassiker unter den Eissorten darf natürlich nicht fehlen. Das Vanilleeis.
Viele Rezepte habe ich ausprobiert und verändert, um perfekt sahniges Vanilleeis herstellen zu können. Hier kommt das zartschmelzende und cremige Ergebnis.

Die Zutaten:

Für den Cashewcrunch:
100 g Cashews
60 g Zucker

Für das Vanilleeis:
1 Vanilleschote
100 g Zucker
1 Päckchen Vanillezucker
5 Eigelbe
350 ml Sahne
100 ml Kondensmilch (7,5 % Fett)
200 ml Milch

Zudem:
200 ml Karamellsauce (gekauft oder selbst gemacht nach dem Rezept von Seite 19)

Für den Cashewcrunch die Cashews in kleine Stücke hacken. Den Zucker in einer Pfanne karamellisieren. Sobald der Zucker dabei braun wird, die Nüsse hinzugeben und gut wenden. Die Cashews sollten gleichmäßig mit dem Karamell ummantelt sein. Auf ein Backpapier geben und auskühlen lassen. Bei Bedarf nach dem Auskühlen noch zerkleinern.

Die Vanilleschote aufschlitzen und auskratzen. Den Zucker mit dem Vanillezucker und dem Mark der Vanilleschote mischen und zusammen mit den Eigelben einige Minuten cremig aufschlagen.

200 ml Sahne abmessen und mit der Kondensmilch und der Milch in einem Topf aufkochen. Die kochende Masse vom Herd ziehen, kurz warten und anschließend noch heiß in die Eigelb-Zucker-Masse rühren. Die Masse zurück in den Topf geben und so lange über einem Wasserbad aufschlagen, bis sie eindickt. Das kann eine Weile dauern, also Geduld mitbringen.

Sobald die Masse eingedickt ist, sollte man den Topf vom Wasserbad nehmen und in eine große Schale mit kaltem Wasser stellen. Die Vanillemasse währenddessen weiterrühren, damit sie langsam abkühlen kann.

Die restliche Sahne steif schlagen und unterheben. Alles in eine Eismaschine füllen, die Hälfte des Cashewcrunchs dazugeben und nach Anleitung einfrieren. Danach das Eis in ein gefriertaugliches Gefäß füllen, die Karamellsauce darüber gießen und mit einem Löffel verziehen. Den restlichen Cashewcrunch über dem Eis verteilen und in der Tiefkühltruhe vollends durchfrieren lassen.

Wer keine Eismaschine hat, der mischt die Vanillemasse mit der Hälfte vom Cashewcrunch, füllt es sodann direkt in ein gefriertaugliches Gefäß und stellt dieses in die Tiefkühltruhe. Das Eis die ersten 1 bis 1 ½ Stunden regelmäßig umrühren.
Dann die Karamellsauce untermischen, den übrigen Cashewcrunch darauf verteilen und durchfrieren lassen.

Chocolate Almond Ice Cream Sandwiches

Schokolade und Mandel in Form eines oberleckeren Eis Sandwichs. Was will man mehr?! Die Kekse für das Sandwich sind super weich und chewy, so dass sie nach dem Einfrieren die perfekte Konsistenz haben. Das Eis ist schön cremig und schokoladig. Beides, sowohl Keks als auch Eis, wurde mit Bittermandel verfeinert. Eine perfekte Kombination.

Die Zutaten:

(Für ca. 10 Ice Cream Sandwiches)

Für das Schoko-Bittermandeleis:
150 g Zartbitterkuvertüre
150 g Zucker
250 ml Vollmilch
250 ml Sahne
1 Prise Salz
2 Prisen Zimt
200 g Schmand
einige Tropfen Bittermandelaroma

Für die Schokokekse:
200 g Mehl
40 g Kakaopulver
½ Päckchen Backpulver
170 g weiche Butter
150 g Zucker
220 g brauner Zucker
2 Eier
1 Päckchen Vanillezucker
1 Prise Salz
einige Tropfen Bittermandelaroma

Für das Eis zunächst die Zartbitterkuvertüre sehr klein hacken und zur Seite stellen. Alle weiteren Zutaten mischen und in einem Topf aufkochen. 2 - 3 Minuten unter Rühren ganz leicht köcheln lassen. Den Topf vom Herd nehmen und die gehackte Kuvertüre dazugeben. Alles verrühren, bis sich die Zartbitterkuvertüre vollständig aufgelöst hat. Die Masse mit einem Pürierstab kurz durchpürieren.

Die Eismasse in eine Eismaschine geben und nach Anleitung einfrieren. Danach in ein gefriertaugliches flacheres Behältnis geben, damit das Eis darin ca. 2 - 2,5 cm hoch steht. In die Tiefkühltruhe geben und vollends durchfrieren lassen.
Wer keine Eismaschine besitzt, der füllt das Eis einfach gleich nach dem Pürieren in das gefriertaugliche Gefäß und lässt es durchfrieren.

Für die Cookies den Backofen auf 160 °C Umluft (180 °C Ober- / Unterhitze) vorheizen.

Das Mehl mit dem Kakaopulver und dem Backpulver mischen. Die weiche Butter mit dem Zucker und dem braunen Zucker schaumig rühren. Die Eier nacheinander unterrühren. Den Vanillezucker, das Salz und das Bittermandelöl hinzugeben. Alles zu einem gleichmäßigen weichen Teig verarbeiten.

Mit einem Esslöffel kleine runde Portionen vom Teig abstechen und diese auf ein mit Backpapier ausgelegtes Blech setzen. Die Cookies ca. 12 - 14 Minuten backen und auskühlen lassen. Wer ganz akkurat geformte Eissandwiches haben möchte, der kann die Ränder der Cookies nun noch mit einem großen runden Ausstecher ausstechen, damit sie gleichmäßig sind. Dafür sollten die Cookies allerdings noch leicht warm sein, dann funktioniert das besser.

Sobald das Eis fest ist, kann es mit einem runden Ausstecher, der ungefähr der Größe der Cookies entspricht, ausgestochen werden. Das Eis vorsichtig zwischen zwei Cookies legen, sanft zusammendrücken und erneut einige Stunden einfrieren lassen.

Ginger Fruit Popsicles

Ok, ich geb's zu. Das hier ist eine gewagte Kombination. Es handelt sich bei diesem Eis-am-Stiel nämlich um Joghurteis. Soweit so gut. Das Joghurteis bekommt eine fruchtige Komponente in Form einer Rhabarber-Erdbeer-Sauce dazu. Soweit auch gut. Diese Sauce ist allerdings nun noch mit reichlich Ingwer aromatisiert. Das ist speziell. Für alle, die eben auf Spezielles stehen. Alle anderen lassen den Ingwer einfach weg ;-).

Die Zutaten:

Für die Rhabarber-Erdbeer-Sauce:
200 g Rhabarber
150 g Erdbeeren
100 g Zucker
70 ml Wasser
Saft von ½ Zitrone
15 g frisch geraspelter Ingwer (oder ½ Teelöffel Ingwerpulver)
½ Esslöffel Speisestärke

Für das Joghurteis:
250 g Naturjoghurt (Vollmilchjoghurt)
100 g Zucker
1 Päckchen Vanillezucker
250 ml Sahne

Den Rhabarber schälen und in Stücke schneiden. Diesen zusammen mit den gewaschenen und klein geschnittenen Erdbeeren und dem Zucker im Wasser aufkochen. Den Zitronensaft sowie den Ingwer dazugeben und einige Minuten köcheln lassen, bis der Rhabarber weich geworden ist. Mit einem Pürierstab alles gut durchpürieren.

Die Speisestärke mit einem Esslöffel kaltem Wasser glatt rühren und dazurühren. Nochmal kurz aufkochen lassen und sodann vom Herd nehmen. Die Sauce gut abkühlen lassen.

Für das Joghurteis den Naturjoghurt mit dem Zucker sowie dem Vanillezucker mischen. Alles in einem Topf unter Rühren etwas erhitzen, bis sich der Zucker vollständig aufgelöst hat. Die Sahne halb steif schlagen und unterheben.

Nun die Joghurtmasse zusammen mit der Rhabarber-Erdbeer-Sauce in Eisförmchen füllen. Dabei die zwei verschiedenen Massen abwechselnd einfüllen, damit ein marmoriertes Muster entsteht. Mit einem Löffelstiel kann man die Marmorierung noch etwas gestalten.

Die Popsicles in die Tiefkühltruhe stellen und durchfrieren lassen.

Sauerrahmeis mit Karamellstrudel

Karamell und Eis gehen immer. Zumindest für mich. Als großer Fan dieser leckeren, beigen Zuckercreme könnte ich einfach alles futtern, was damit verfeinert oder getoppt wurde. Zu diesem Sauerrahmeis jedoch passt der Karamell besonders gut! Er harmoniert nämlich fantastisch zum leicht säuerlichen Geschmack des Sauerrahms, aus dem das Eis gemacht wurde. Eine tolle Kombi aus frisch und cremig. Nicht nur im Sommer ein Traum, den man sich auf der Zunge zergehen lassen kann …

Die Zutaten:

400 g saure Sahne
200 g Schmand
80 g Puderzucker
1 Vanilleschote
Saft von ½ Zitrone
200 ml Sahne
1 Teelöffel Speisestärke

Zudem:
150 g Karamellsauce (gekauft oder selbstgemacht. Ein Rezept dazu gibt es auf Seite 19)

Die saure Sahne mit dem Schmand und dem Puderzucker verrühren. Die Vanilleschote auskratzen und das Mark mit dem Zitronensaft unter die Sauerrahm-Mischung rühren.

Die Sahne mit der Stärke in einem Topf gut verquirlen, die ausgekratzte Vanilleschote hineingeben und alles aufkochen lassen. 2 - 3 Minuten vor sich hin köcheln lassen, dann die Schote wieder entfernen. Die Sahne etwas abkühlen lassen und dann mit dem Sauerrahm verrühren.

Die Masse in eine Eismaschine geben und nach Anleitung gefrieren lassen.
Danach in ein gefriertaugliches Gefäß füllen. Die Karamellsauce darüber gießen und mit einem Löffel etwas mit der Eismasse vermischen. Nun in der Tiefkühltruhe vollends durchfrieren lassen.

Wer keine Eismaschine hat, der füllt die Sauerrahm-Masse direkt in ein gefriertaugliches Gefäß, stellt dies in die Tiefkühltruhe und lässt das Eis durchfrieren. Allerdings muss dieses die ersten 1 bis 1 ½ Stunden regelmäßig umgerührt werden, damit das Eis nachher etwas cremiger wird. Nach ca. 1 ½ Stunden den Karamell noch über das Eis geben und etwas vermischen. Dann durchfrieren lassen.

Mascarponeeis mit Himbeer-Amaretto-Strudel

Gibt es etwas Cremigeres als Mascarpone?! Wahrscheinlich nicht. Schon als Kind liebte ich diese weiße Creme und kam in keinem Italien-Urlaub an einem Tiramisu vorbei, ohne etwas davon haben zu wollen. Das fand ich so lecker, dass mich noch nicht einmal der Kaffeegeschmack störte, den ich damals noch nicht so prickelnd fand. Auch im Eis macht sich Mascarpone ganz wunderbar! In Kombination mit dem Amaretto und ein wenig Frucht die perfekte Italien-Erinnerung ...

Die Zutaten:

Für den Himbeerstrudel:
500 g Himbeeren
200 g Zucker
70 ml Amaretto
1 Esslöffel Speisestärke
3 Esslöffel Wasser

Für das Mascarponeeis:
200 ml Milch
150 g Zucker
200 g Mascarpone
300 ml Sahne

Für den Himbeerstrudel die Himbeeren mit dem Zucker aufkochen und anschließend durchpürieren. Den Amaretto dazugeben. Wer sich an den Himbeerkernen stört, der passiert die Himbeermasse nun noch durch ein Sieb und gibt sie zurück in den Topf. Die Speisestärke im Wasser anrühren und zu der Himbeermasse geben. Kurz aufkochen und im Anschluss wieder abkühlen lassen.

Für das Mascarponeeis die Milch mit dem Zucker aufkochen.

Den Mascarpone unterrühren und den Topf vom Herd ziehen. Die Masse ein klein wenig abkühlen lassen.

Die Sahne steif schlagen und unterheben.

Die Masse in eine Eismaschine geben und nach Anleitung gefrieren lassen. Anschließend das Eis in ein gefriertaugliches Gefäß füllen.

Nun die Himbeermasse über dem Eis verteilen und mit einer Gabel verziehen, damit ein schönes Muster entsteht und sich die Massen etwas miteinander verbinden. Das Eis in der Tiefkühltruhe durchfrieren lassen.

Wer keine Eismaschine hat, der füllt die Mascarponecreme gleich in ein gefriertaugliches Gefäß und friert das Eis ein. Die erste Stunde muss das Mascarponeeis immer mal wieder umgerührt werden. Sodann kann der Himbeerstrudel noch dazu gefüllt und etwas mit dem Eis vermischt werden. Nun vollends durchfrieren lassen.

Stracciatella Frozen Yoghurt

Frozen Yoghurt ist – wie der Name schon sagt – Eis aus gefrorenem Joghurt. Am besten schmeckt er, wenn er etwas angetaut ist und eine cremige Konsistenz angenommen hat. Frozen Yoghurt kann man perfekt mit frischen Früchten und der Schokosauce von Seite 13 servieren, aber auch der Karamell von Seite 19 und das Apfelkaramell von Seite 14 sind super damit kombinierbar. Einfach drüber gießen und servieren.

Die Zutaten:

200 ml Sahne
130 g Puderzucker
450 g Naturjoghurt (mindestens 3,5 % Fett)
100 g gehackte Zartbitter Kuvertüre oder Zartbitterschokolade

Die Sahne mit der Hälfte des Puderzuckers steif schlagen.

Den Naturjoghurt mit der zweiten Hälfte des Puderzuckers gut verrühren. Die Sahne unterheben.

Die Kuvertüre bzw. die Schokolade in ganz kleine Stückchen hacken. Hier empfiehlt es sich auf jeden Fall eine sehr gute Kuvertüre oder Schokolade zu nehmen, da nur so der Frozen Yoghurt auch richtig lecker werden kann!

Die Kuvertüre- bzw. Schokostückchen unter die Joghurtmasse heben und diese in eine Eismaschine füllen. Das Eis gemäß der Anleitung der Maschine frieren lassen. Danach in einen für den Gefrierschrank geeigneten Behälter geben und vollends in der Tiefkühltruhe durchfrieren lassen.

Wer keine Eismaschine hat, der füllt die Masse gleich in das Behältnis und lässt es durchfrieren. Dann aber muss das Eis die ersten 1 - 2 Stunden regelmäßig durchgerührt werden, damit die Eiskristalle zerschlagen werden und das Eis eine cremigere Konsistenz erhält.

Vor dem Verzehr das Eis etwas antauen lassen.

Lemon Pie Eis

Kennt ihr Lemon Pie? Ja? Nein? Ach egal. Ich sag euch eins, als Pie ist das schon ziemlich lecker, aber als Eis … ist das noch viiieeeel leckerer! Nein, im Ernst.
Dieses Eis ist cremig, fruchtig und crunchig zugleich. Das Mascarponeeis zergeht auf der Zunge, die Zugabe des Lemon Curds von Seite 23 macht die Eiskreation zitronig frisch und die Keksstückchen setzen dem Ganzen dann die Krone auf.
Das Tolle ist übrigens, ihr könnt dieses Eis auch mit dem Blueberry Curd von Seite 24 oder mit dem Strawberry Curd von Seite 21 herstellen! Dann ist es eben Blueberry Pie Eis bzw. Strawberry Pie Eis. Also, worauf wartet ihr?!!

Die Zutaten:

Für die Keksstückchen:
50 g Butter
80 g Mehl
50 g Zucker
1 Päckchen Vanillezucker

Für das Eis:
6 Eigelbe
150 g Puderzucker
250 g Mascarpone
Saft von 2 Zitronen
300 g Lemon Curd
(ein Rezept findet ihr auf Seite 23)
400 ml Sahne

Alle Zutaten für die Keksstücke vermengen und einen bröseligen Teig herstellen. Diesen auf ein mit Backpapier ausgelegtes Blech bröseln und bei 160 °C Umluft (ca. 180 °C Ober- / Unterhitze) ca. 8 - 10 Minuten backen. Auskühlen lassen und die Stückchen eventuell noch ein klein wenig zerkleinern.

Für das Eis die Eigelbe mit dem Puderzucker einige Minuten schaumig schlagen.

Mascarpone, Zitronensaft und 250 g vom Lemon Curd miteinander verrühren und zur Eiermasse mischen.

Die Sahne steif schlagen und unter die Mascarponecreme heben.

Nun noch die Keksstückchen unter die Eismasse heben, das Eis in die Eismaschine geben und nach Anleitung durchfrieren. Wer nicht so viele Kekssstücke mag, der mischt einfach weniger davon unter das Eis.

Im Anschluss das Eis in ein gefriertaugliches Gefäß füllen, das restliche Lemon Curd auf der Oberfläche verteilen und mit einem Löffel etwas mit dem Eis vermischen. Nun das Ganze in die Tiefkühltruhe stellen. Oder einfach gleich essen.

Wer keine Eismaschine hat, der füllt das Eis in ein gefriertaugliches Gefäß, gibt das restliche Lemon Curd on Top, verzieht dieses ein wenig mit dem Eis und stellt es in die Tiefkühltruhe. Ohne Eismaschine muss das Eis die ersten 1 bis 1 ½ Stunden allerdings während des Gefrierens hin und wieder umgerührt werden, damit die Eiskristalle zerschlagen werden und das Eis etwas cremiger wird.

Nugat Fudgesicles

Fudge ... ähhh ...was?! Ok, ich gebe zu, ich konnte mit diesem Wort auch lange Zeit nichts anfangen. Bis ich dahinter kam, was dahinter steckt :-). Zumindest so ungefähr. Es handelt sich um supercremiges, reichhaltiges, eben schlichtweg „fudgiges" Eis. Kurz und gut: Monsterlecker!!! Genügt das?! Ich hoffe doch, diese gefrorenen Teilchen sind nämlich in der Tat jede Sünde wert.
Eine lustige Tatsache noch nebenbei: Diese Nugat-Fudgesicles verlaufen so gut wie nicht, wenn sie auftauen. Kein Witz! Die Eismasse ist so kompakt, dass sie nicht auseinander läuft, wenn sie nicht mehr gefroren ist. Kann also notfalls auch als Nugatcreme gegessen werden ...

Die Zutaten:

Für die Eismasse:
300 g Frischkäse
100 g Puderzucker
200 g Schmand
150 g Vollmilchkuvertüre
200 g Nugat
100 ml Milch

Für den Überzug:
200 g Zartbitter-Kuvertüre

Den Frischkäse mit dem Puderzucker und dem Schmand verrühren.

Die Vollmilchkuvertüre in kleine Stückchen hacken und in einem Wasserbad (oder alternativ auf niedriger Wattzahl in der Mikrowelle) schmelzen, etwas abkühlen lassen und unter die Frischkäsemasse rühren.

Mit dem Nugat danach ebenso verfahren. Kleinschneiden, in einem Wasserbad (oder in der Mikrowelle) schmelzen, etwas abkühlen lassen und unterrühren.

Die Milch nun unter Rühren in die Eismasse einfließen lassen und alles gut verrühren.

Die Fudgesiclemasse nun in Eis-am-Stiel-Förmchen füllen, ich habe das mit einem Spritzbeutel gemacht, weil die Masse recht kompakt ist. Die befüllten Förmchen sollte man leicht auf die Arbeitsplatte klopfen, damit sich die recht feste Eismasse gleichmäßig setzt und nachher keine Luftlöcher im Eis sind. Die Fudgesicles nun mindestens über Nacht durchfrieren lassen.

Für den Überzug die Zartbitter-Kuvertüre klein hacken und in einem Wasserbad schmelzen. Die Fudgesicles vorsichtig aus ihren Förmchen lösen und ca. die Hälfte vom Eis in die Kuvertüre tunken. Entweder gleich essen oder wieder in die Tiefkühltruhe legen.

Cinnamon Roll Ice Cream Sandwiches

Ich bin Zimtschnecken-süchtig, deshalb wollte ich ein Eis kreieren, das danach schmeckt. Und tatatataaaa: Ich präsentiere euch das weltbeste Cinnamon Roll Ice Cream Sandwich der Welt!!! Für MICH zumindest. Aber euch schmeckt's garantiert auch!

Die Zutaten:

(Für ca. 10 Ice Cream Sandwiches)

Für das Zimteis:
6 Eigelbe
150 g Puderzucker
3 Teelöffel Zimt
150 g Frischkäse
500 ml Sahne

Für den Teig:
150 g weiche Butter
75 g brauner Zucker
75 g weißer Zucker
1 Päckchen Vanillezucker
2 Eigelbe
1 Prise Salz
240 g Mehl
½ Teelöffel Backpulver
½ Teelöffel Zimt

Für die Füllung:
25 g weißer Zucker
25 g brauner Zucker
1 Teelöffel Zimt
1 Esslöffel Milch

Für die Karamellschicht:
½ Portion Karamellsauce von Seite 19

Für das Zimteis die Eigelbe mit dem Puderzucker schaumig schlagen und den Zimt unterrühren. Den Frischkäse dazugeben und alles nochmals gut verrühren, bis eine gleichmäßige Masse entstanden ist. Die Sahne steif schlagen und unterheben.
Das Eis in die Eismaschine geben und nach Anleitung durchfrieren. Danach in ein gefriertaugliches flaches Gefäß geben (das Eis sollte im Gefäß ca. 2 bis 3 cm hoch sein) und in der Tiefkühltruhe vollends durchfrieren lassen.
Wer keine Eismaschine hat, der gibt das Zimteis direkt in das gefriertaugliche Gefäß und in die Tiefkühltruhe. Die ersten 1 bis 1 ½ Stunden muss das Eis dann allerdings regelmäßig umgerührt werden, damit es nachher etwas cremiger wird.

Für die Zimtrollenkekse zunächst den Backofen auf 160 °C Umluft (180 °C Ober- / Unterhitze) vorheizen.

Nun die Butter mit dem braunen und dem weißen Zucker schaumig rühren.
Den Vanillezucker einrühren. Die Eigelbe nacheinander unterziehen. Das Salz mit dem Mehl, dem Backpulver und dem Zimt mischen und zu der Eier-Butter-Masse hinzugeben. Alles zu einem Teig verkneten. Den etwas klebrigen Teig nun zu einem ca. 0,5 cm dicken Rechteck ausrollen.

Für die Füllung den weißen und braunen Zucker mit dem Zimt und der Milch mischen. Diesen Zimtzucker nun auf der Teigplatte gleichmäßig verstreichen. Die Teigplatte der Länge nach nun in jeweils ca. 1 cm breite Streifen schneiden. Die Streifen einzeln aufrollen, auf ein mit Backpapier ausgelegtes Blech setzen und etwas plattdrücken.
Für ca. 10 - 12 Minuten backen. Nach dem Backen sind die Zimtrollenkekse noch sehr weich. Das soll so sein! Nach dem Abkühlen und Einfrieren werden sie noch fest.

Wenn die Kekse komplett ausgekühlt sind, könnt ihr das Eis nun mit einem großen runden Ausstecher in etwa der Größe der Kekse ausstechen, auf je einen Keks legen, einen Esslöffel Karamell draufgeben und einen zweiten Keks als Deckel darauf setzen. Das Cinnamon Roll Ice Cream Sandwich mindestens 4 Stunden gefrieren lassen.

Fior di Latte mit Mango und Pistazien

Fior di Latte klingt verheißungsvoll, oder?! Aber was ist das?! Kann ich euch beantworten. Fior die Latte ist ein italienisches Sahneeis, das mit einer ordentlichen Ladung Mascarpone gemacht wird und dadurch unglaublich cremig wird.
Die Kombination aus frischer Mango und salzigen Pistazien runden den Geschmack in diesem Eis wunderbar ab.

Die Zutaten:

Für das Fior di Latte Eis:
200 ml Milch
1 Päckchen Vanillezucker
150 g Zucker
150 g Mascarpone
300 ml Sahne

Für das Mangopüree:
300 g frische Mango
(ersatzweise aus der Dose)
50 g Zucker

Zudem:
40 g gesalzene Pistazien

Die Milch mit dem Vanillezucker und dem Zucker aufkochen. Den Mascarpone unterrühren und alles nochmals unter Rühren kurz aufkochen lassen. Vom Herd nehmen und etwas auskühlen lassen.

Nun die Sahne steif schlagen und unter die Mascarpone-Masse heben.

Die Pistazien klein hacken und die Hälfte davon ebenfalls unter die Mascarpone-Sahne-Mischung rühren. Alles ca. 30 Minuten kühlstellen.

Die Masse sodann in eine Eismaschine geben und nach Anleitung gefrieren lassen.

Das Mangofleisch mit dem Zucker pürieren. Wer Mango aus der Dose nimmt, der kann auf den Zucker in der Regel verzichten, da die Dosenmango meistens schon gezuckert ist. Dann das Fruchtfleisch einfach nur pürieren.

Sobald das Eis aus der Eismaschine kommt, kann es mit dem Mangopüree leicht vermischt und in ein gefriertaugliches Gefäß gefüllt werden. Die restlichen Pistazien darüber streuen und in der Tiefkühltruhe durchfrieren lassen.

Wer keine Eismaschine hat, der kann die Mascarpone-Sahne-Masse gleich mit der Hälfte der Pistazien mischen und in ein gefriertaugliches Gefäß füllen. Anschließend in die Tiefkühltruhe stellen. Das Eis muss hierbei allerdings die ersten 1 bis 1 ½ Stunden immer mal wieder umgerührt werden, damit es nachher etwas cremiger wird.
Nach einer Stunde ca. noch das Mangopüree unterrühren. Und später die zweite Hälfte der Pistazien darüber streuen.

Raspberry'n Cream Cheese Popsicles

Sanfter Naturjoghurt, cremiger Frischkäse und sahniger Mascarpone vereint in einem köstlichen Eis-am-Stiel und kombiniert mit fruchtiger Himbeermarmelade. Also wer da nicht dran schlecken will, dem kann ich auch nicht mehr helfen. Wenn jetzt jemand meint, er mag aber keine Himbeermarmelade, dem kann ich sagen, dass man diese Popsicles auch ganz wunderbar mit einer anderen Marmelade – zum Beispiel Aprikose, Erdbeere oder Zwetschge – machen kann. Rezepte dazu gibt's im ersten Kapitel!

Die Zutaten:

250 g Naturjoghurt (mindestens 3,5 % Fett)
200 g Frischkäse
100 g Mascarpone
80 g Puderzucker
100 g Himbeermarmelade (gekauft oder selbst gemacht, ein Rezept dazu gibt es auf Seite 32)

Zudem:
Zuckerstreusel zum Verzieren

Den Naturjoghurt mit dem Frischkäse glatt rühren.

Anschließend den Mascarpone unterrühren.

Nun den Puderzucker in die Masse sieben und alles gut verrühren.
Die Himbeermarmelade durchpürieren, damit sie eine sanfte Konsistenz erhält.

In Eis-am-Stiel-Förmchen nun abwechselnd die Joghurt-Frischkäse-Masse und die Himbeermarmelade (oder die alternative Marmelade) füllen.

Die Förmchen leicht auf die Arbeitsplatte klopfen, damit sich die Masse in den Förmchen setzt und nachher keine Luftlöcher im Eis sind, und einige Stunden (am besten über Nacht) einfrieren.

Das gefrorene Eis vorsichtig aus den Förmchen lösen und kurz antauen lassen.
Die Spitze der Popsicles in die Zuckerstreusel tauchen und danach nochmals einfrieren.

Banana Walnut Crunch Ice Cream

Eine der cremigsten Eissorten, die man ganz schnell und einfach daheim selbst herstellen kann, ist Bananeneis. Man benötigt nur wenige Zutaten, die man meistens sowieso im Haus hat, um diese köstliche Eiscreme herzustellen. Ich selbst mache regelmäßig Bananeneis, mal pur, mal mit etwas Schnick Schnack.
Um dieses Bananeneis hier zu verfeinern, habe ich noch einige gebrannte Walnüsse untergejubelt. Gibt dem Ganzen noch etwas Biss!

Die Zutaten:

Für den Walnut Crunch:
100 g Walnüsse
60 g Zucker

Für das Bananeneis:
400 g sehr reife Bananen
150 g Puderzucker
1 Spritzer Zitronensaft
100 ml Milch
200 ml Sahne

Für den Walnut Crunch die Walnüsse klein hacken und in einer Pfanne leicht anrösten. Aus der Pfanne nehmen und abkühlen lassen.

Nun den Zucker in die Pfanne geben und diesen zum Karamellisieren bringen. Wenn der Zucker anfängt zu bräunen, sofort die Walnüsse hinzugeben und alles gut umrühren, damit die Walnüsse einen Zuckerüberzug bekommen. Die Nüsse auf ein Backpapier geben und auskühlen lassen. Sodann die Walnüsse bei Bedarf noch etwas zerkleinern.

Für das Eis die Bananen zerdrücken. Mit dem Puderzucker, dem Zitronensaft und der Milch verrühren. Die Sahne steif schlagen und unter die Bananenmasse heben.

Die Hälfte vom Walnut Crunch zum Eis hinzugeben, in eine Eismaschine füllen und nach Anleitung gefrieren. Das Bananeneis danach in ein gefriertaugliches Gefäß geben, die restlichen karamellisierten Walnüsse darüber streuen und in der Tiefkühltruhe durchfrieren lassen.

Wer keine Eismaschine hat, der füllt die Eismasse einfach direkt in ein gefriertaugliches Gefäß und stellt es in die Tiefkühltruhe. Die ersten 1 bis 1 ½ Stunden sollte das Bananeneis nun allerdings mehrmals umgerührt werden, damit es nachher etwas cremiger wird. Danach den übrigen Walnut Crunch darüber geben und durchfrieren lassen.

Inhaltsverzeichnis:

Life Is Full Of Goodies

Für alle, die noch nicht genug haben...

Wer nach diesem Buch noch nicht genug von mir und meinen Rezepten hat, für den gibt es seit Februar 2013 meinen Blog "Life Is Full Of Goodies".

Dort geht es natürlich – wer hätt's gedacht – hauptsächlich um Süßes. Kuchen, Teilchen, Torten, Eis, ... alles Dinge, in die ich mich reinlegen könnte. ABER: Selbstverständlich kredenze ich hin und wieder auch Herzhaftes. Logo. Es wird ja zuhause auch regelmäßig fleißig gekocht. Schließlich kann auch ICH mich nicht nur von Zuckerkram ernähren. Im Gegenteil. Wir kochen gerne frisch und gesund. Deshalb habe ich dem gesünderen Essen auf meinem Blog auch eine eigene Seite namens FIT FOOD gewidmet. Dort gibt es neben gesunden Hauptmahlzeiten auch gesunde Backrezepte für Kuchen, Teilchen oder Snacks. Um zu zeigen, dass man auch mit guten und leichten Zutaten leckere Sachen zaubern kann. FIT FOOD eben.

Auf "Life Is Full Of Goodies" gibt es aber nicht nur zahlreiche Rezepte von mir selbst, sondern auch von meiner Mom und von meinem Dad. Beide mischen auf der kreativen Seite dieses Unterfangens emsig mit und kochen und backen, was das Zeugs hält. Daher gibt es auch eine eigene Rezept-Kategorie "Mom's" sowie eine Kategorie "Dad's". Neben all den kulinarischen Genüssen erfährt man vieles über meinen kunterbunten Alltag, über verschiedene DIY- und Gartenprojekte sowie über unsere Reisen. Es wird also nie langweilig.

So, nun aber genug gequatscht. Bilder sagen ohnehin mehr als tausend Worte, deshalb gibt's im Folgenden nun einige Rezeptfotos von meinem Blog für euch. Und wer Lust hat, der klickt sich einfach mal durch lifeisfullofgoodies.com ...

✮ Mara

HOFFMANN VERLAG

© 2015 Hoffmann Verlag, Gerlingen

www.hoffmann-verlag.de
Layout: Sonja Luitz, Bleicher Verlag
Foodfotografie: Mara Hörner, lifeisfullofgoodies.com
Titelfoto: Marco Gerber
Portraits (Seiten 5, 9, 35, 77, 119, 161): Michael Lohnert, milo-photoart.de
Druck und Bindung: Craspo, Zlin CZ
Alle Rechte vorbehalten

ISBN 978-3-942659-41-3